NIEMIECKI DLA BUDOWLAŃCÓW

Magdalena Walas

Magdalena Walas
Niemiecki dla budowlańców

ISBN: 978-3-7357-4032-8

Herstellung und Verlag: BoD – Books on Demand, Norderstedt
Printed in Germany

SPIS TREŚCI

Podstawowe zasady wymowy niemieckiej

Głoska	Przybliżona wymowa	Przykład
ä	e	der Bär (niedźwiedź)
ö	oe (uproszczona wymowa – jak y)	können (potrafić)
ü	y/i	müssen (musieć)

ei	- aj	mein (mój)
ie	- i	wie (jak)
eu	- oj	neun (9)
äu	- oj	er läuft

g	- jak g - miękko ś	Georg zwanzig
h	- jah h - zanika po samogłosce	hundert Kuh (krowa) , Ruhe (spokój)
r	- słyszalne, jeśli jest podwójne - zanikowe	wirr der, wer
s	- jak z (na początku) - jak s (w środku i na końcu wyrazów)	suchen gestern, was
z	- c	zehn (10)

ck	k	Rock
dt	t	Stadt
ng	n/g	Junge
ph	f	Philosoph*
st	szt (na początku wyrazów)	Stunde, Stadt
sp	szp (na początku wyrazów)	spielen
tsch	cz	Deutschland
sch	sz	Die Schule
ch	- jak ch po a, o , u , au	Dach, Koch, Buch, rauchen

Skróty zastosowane w książce:
>   r. – der, rodzajnik określony dla rodzaju męskiego
>   e. – die, rodzajnik określony dla rodzaju żeńskiego
>   s. – das, rodzajnik określony dla rodzaju nijakiego

SZUKANIE PRACY | JOBSUCHE

arbeitslos sein – być bezrobotnym
Ich bin zur Zeit arbeitslos.
Jestem obecnie bezrobotny.

eine Arbeit suchen – szukać pracy
Ich suche Arbeit als Maurer.
Szukam pracy jako murarz.

e. Stellenanzeige – ogłoszenie o pracę
In der Stellenanzeige beschreiben Sie einen Aufgabenbereich, der meinen
Fähigkeiten entspricht.
W ogłoszeniu o pracę opisują Państwo zakres zadań, który odpowiada moim
umiejętnościom.

s. Stellenangebot – oferta pracy
Ich habe mit großem Interesse Ihr Stellenangebot in der Zeitung gelesen.
Z dużym zainteresowaniem przeczytałem w gazecie Państwa ofertę pracy.

übers Internet eine Stellenangebot finden –
znaleźć ofertę pracy przez Internet
Ihr Stellenangebot habe ich über das Internet gefunden.
Państwa ofertę pracy znalazłem przez Internet.

im Internet nachsehen – sprawdzać w internecie
Die Arbeitsuchende sehen immer häufiger die neuesten Stellenanzeigen
im Internet nach.
Osoby szukające pracy coraz częściej sprawdzają najnowsze ogłoszenia
w Internecie.

sich bewerben um – ubiegać się o
Ich möchte mich um die Stelle als Maurer bei Ihrer Firma bewerben.
Chciałbym ubiegać się o stanowisko murarza w Państwa firmie.

r. Beruf – zawód

Was sind Sie von Beruf?
Kim jest Pan z zawodu?

Ich bin Maurer von Beruf.
Jestem murarzem z zawodu.

architekt	r. Architekt
projektant	r. Designer, Entwurfsverfasser
robotnik budowlany	r. Bauarbeiter
murarz	r. Maurer
pomocnik murarza	r. Hilfsarbeiter
betoniarz	r. Betonbauer
tynkarz	r. Putzer
zbrojarz	r. Betonstahlverleger
cieśla	r. Zimmermann
malarz	r. Maler
elektryk	r. Elektriker, Elektroinstallateur
dekarz	r. Dachdecker
inwestor	r. Bauherr
kierownik budowy	r. Bauleiter
inżynier budowy	r. Bauingenieur
inspektor nadzoru inwestorskiego	r. Inspektor der Bauträgeraufsicht
przedsiębiorca budowlany m	r. Bauunternehmer
inspektor BHP	r. Sicherheits- und Gesundheitskoordinator

e. Bewerbungsunterlagen – dokumenty aplikacyjne
Da ich Ihre Anforderungen erfüllen kann, sende ich meine
Bewerbungsunterlagen.
Ponieważ mogę spełnić Państwa wymagania, przesyłam swoje dokumenty
aplikacyjne.

s. Bewerbungsbrief – list motywacyjny
Dein Bewerbungsbrief muss den Wunsch wecken, dich persönlich kennen
zu lernen.
Twój list motywacyjny musi wzbudzać chęć poznania cię osobiście.

r. Lebenslauf – życiorys
Ich füge meinen Lebenslauf bei.
Załączam swój życiorys.

beilegen, beifügen – załączyć
Welche Unterlagen muss ich zusätzlich zur Bewerbung beilegen?
Jakie dokumenty muszę dołączyć dodatkowo do podania o pracę?

schicken, senden – przesłać
Soll ich die Unterlagen per E-Mail schicken?
Czy dokumenty mam przesłać e-mailem?

s. Vorstellungsgespräch – rozmowa kwalifikacyjna
Ich bin zu einem Vorstellungsgespräch eingeladen worden.
Zostałem zaproszony na rozmowę kwalifikacyjną.

erzählen – opowiadać
Erzählen Sie uns etwas über sich.
Proszę opowiedzieć nam coś o sobie.

e. Ausbildung – wykształcenie
Der Start ins Berufsleben beginnt mit der Wahl der richtigen Ausbildung.
Start w życie zawodowe zaczyna się z wyborem odpowiedniego wykształcenia.

der Grundschulabschluss	wykształcenie podstawowe
das Abitur	wykształcenie średnie
der Hochschulabschluss	wykształcenie wyższe
die Berufsausbildung	wykształcenie zawodowe
technische Ausbildung	wykształcenie techniczne

erfolgreich – z sukcesem, z powodzeniem
Ich habe die Schule erfolgreich vor 10 Jahren abgeschlossen.
Szkołę ukończyłem z powodzeniem 10 lat temu.

e. Qualifikationen – kwalifikacje
Meine Qualifikationen entsprechen den in der Anzeige angegebenen Anforderungen.
Moje kwalifikacje odpowiadają wymaganiom podanym w ogłoszeniu.

qualifiziert – wykwalifikowany
Ich bin für diese Arbeit entsprechend qualifiziert.
Jestem odpowiednio wykwalifikowany do tej pracy.

e. Berufserfahrung – doświadczenie zawodowe
Ich habe eine mehrjährige Erfahrung im Dachdecken.
Mam wieloletnie doświadczenie w kryciu dachów.

Erfahrung sammeln – zdobyć doświadczenie
Erste Erfahrungen in den Maurerarbeiten habe ich bei der Firma…
gesammelt.
Pierwsze doświadczenie w pracach murarskich zdobyłem w firmie…

e. Hauptaufgabe – główne zadanie
Meine Hauptaufgaben waren Fliesenarbeiten und Trockenbau.
Moimi głównymi zadaniami było flizowanie i suche tynki.

verantwortlich sein – być odpowiedzialnym
Ich war für die Koordination der Arbeiten verantwortlich.
Byłem odpowiedzialny za koordynację prac.

r. Arbeitsplatz – miejsce pracy
An meinem letzten Arbeitsplatz zu meinen Aufgaben gehörte unter anderem
die Montage von Trockenbauwänden.
Na moim ostatnim miejscu pracy do moich zadań należał między innymi
montaż płyt gipsowo-kartonowych.

wechseln – zmienić
Warum wollen Sie Ihren Arbeitsplatz wechseln?
Dlaczego chce Pan/i zmienić swoje miejsce pracy?

e. Arbeit – praca
Ich hatte die leichte/schwere/interessante/langweilige Arbeit.
Miałem lekką/ciężką/interesującą/nudną pracę.

arbeiten – pracować
Bei der Firma…habe ich über 10 Jahre gearbeitet.
W firmie… pracowałem ponad 10 lat.

e. Kenntnisse – znajomość
Ich verfüge über Kenntnisse in allen Maurer- und Betonarbeiten.
Posiadam znajomość wszystkich prac murarskich i betoniarskich.

e. Grundkenntnisse – znajomość podstawowa
Die Grundkenntnisse habe ich in der Wärmedämmung sowie in der
Reparatur von Dächern.
Znam podstawy izolacji cieplnej i naprawy dachów.

r. Termindruck – presja czasu
Ich habe gelernt, auch unter Termindruck zu arbeiten.
Nauczyłem się pracować też pod presją czasu.

sich bemühen – starać się
Ich bemühe mich immmer genau meine Arbeit auszuführen.
Staram się zawsze dokładnie wykonywać swoją pracę.

sich weiterentwickeln – rozwijać się dalej
Ich möchte meine Ausbildung erweitern und mich beruflich weiterentwickeln.
Chciałbym poszerzyć swoje wykształcenie i dalej rozwijać się zawodowo.

Kurse und Schulungen – kursy i szkolenia
Ich habe an vielen Kursen und Schulungen teilgenommen und mich so
zusätzlich qualifiziert.
Brałem udział w wielu kursach i szkoleniach i w ten sposób dodatkowo
podniosłem swoje kwalifikacje.

eine Prüfung bestehen – zdać egzamin
Ich habe die von TÜV ausgefürte Prüfung bestanden und besitze ein
gültiges Schweißerzertifikat.
Zdałem egzamin przeprowadzany przez TÜV i posiadam ważny certyfikat.

e. technische Zeichnung – rysunek techniczny
Gute Kenntnisse der technischen Zeichnung ist erforderlich.
Wymagana jest dobra znajomość rysunku technicznego.

s. Zeugnis – świadectwo
Das Schweißzeugnis muss vor Beginn der Arbeiten vorgelegt werden.
Świadectwo spawacza musi zostać przedłożone przed rozpoczęciem prac.

e. Berechtigung zu – uprawnienie do
Ich verfüge über die Berechtigung zur Führung von Gabelstaplern.
Posiadam uprawnienie do obsługi wózków widłowych.

können – móc, potrafić
Ich kann Baumaschienen bedienen.
Potrafię obsługiwać sprzęt budowlany.

e. Fremdsprache – język obcy

Welche Fremdsprachen
kannst du?
Jakie znasz języki obce?

Ich kann Deutsch. Polnisch
ist meine Muttersprache.
Znam niemiecki. Polski jest
moim językiem ojczystym.

eine Fremdsprache lernen – uczyć się języka obcego
Ein Auslandsaufenthalt gibt die beste Möglichkeit die Sprache schnell und effektiv zu lernen.
Pobyt za granicą daje najlepszą możliwość nauczenia się języka szybko i efektywnie.

e. Fremdsprachenkenntnisse – znajomość języków obcych
Ich musste meine Sprachkenntnisse nachweisen.
Musiałem udokumentować znajomość języka.

Grundkenntnisse	znajomość podstawowa
Gute Kenntnisse	dobra znajomość
Sehr gute Kenntnisse	bardzo dobra znajomość
Fließend	płynny
Verhandlungssicher	biegły
Muttersprache	język ojczysty

r. Führerschein – prawo jazdy
Ihm wurde sein Führerschein entzogen.   Haben Sie einen Führerschein?
Zabrano mu prawo jazdy.   Czy ma Pan prawo jazdy?

erwünscht – mile widziany
Gute Deutschkenntnisse in Wort und Schrift ist immer erwünscht.
Dobra znajomość niemieckiego w mowie i piśmie jest zawsze mile widziana.

e. Höhenuntersuchung – badanie wysokościowe
Wir stellen Personen mit aktuellen Höhenuntersuchungen für die Dachdeckerarbeiten an.
Zatrudnimy do prac dekarskich osoby z aktualnymi badaniami wysokościowymi.

erwarten – oczekiwać
Wir erwarten von Ihnen eigenständiges Arbeiten, Verfügbarkeit und Zuverlässigkeit.
Oczekujemy od Pana samodzielnej pracy, dyspozycyjności i niezawodności.

e. Gehaltsvorstellungen – oczekiwania płacowe
Meine Gehaltsvorstellungen liegen zwischen …€ und …€ im Monat.
Moje oczekiwania płacowe mieszczą się między …€ a …€ w miesiącu.

verdienen – zarabiać
Wo verdient man in Deutschland am besten?
Gdzie w Niemczech zarabia się najlepiej?

einen guten Eindruck machen – zrobić dobre wrażenie
Ich hoffe, dass ich einen guten Eindruck gemacht habe.
Mam nadzieję, że zrobiłem dobre wrażenie.

beschäftigen – zatrudniać
Seit wann bin ich beschäftigt?
Od kiedy będę zatrudniony?

anstellen – zatrudniać
Eine deutsche Firma stellt Personen mit technischer Ausbildung an.
Niemiecka firma zatrudni osoby z wykształceniem technicznym.

sichern – zapewniać
Sichern Sie Unterkunft/Hinfahrt/Verpflegung?
Czy zapewniacie zakwaterowanie/dojazd do pracy/wyżywienie?

versichern – ubezpieczać
Wo bin ich versichert?
Gdzie będę ubezpieczony?

r. Eintrittstermin – termin rozpoczęcia pracy
Der früheste Eintrittstermin ist 1 September/ab sofort.
Najwcześniejszy termin rozpoczęcia pracy to 1 września/od zaraz.

r. Arbeitsvertrag – umowa o pracę
Für wie lange wird der Arbeitsvertrag unterschrieben?
Na jaki okres zostanie podpisana umowa o pracę?

ein Formular ausfüllen – wypełnić formularz
Welches Formular muss ich ausfüllen?
Jaki formularz muszę wypełnić?

unterschreiben – podpisać się
Wo soll ich unterschreiben?
Gdzie mam się podpisać?

e. Unterschrift – podpis
Mit meiner Unterschrift bestätige ich die Richtigkeit und Vollständigkeit der vorstehenden Angaben.
Swoim podpisem potwierdzam zgodność i kompletność powyższych danych.

s. Kindergeld – zasiłek rodzinny na dzieci
Wie hoch ist das Kindergeld und wie lange kann ich es beziehen?
Jak wysoki jest zasiłek na dzieci i jak długo mogę go pobierać?

beantragen	bekommen	beziehen
zawnioskować	otrzymać	pobierać

r. Anspruch auf – prawo do
Ein Anspruch auf Arbeitslosengeld besteht, wenn folgende Voraussetzungen erfüllt sind.
Prawo do zasiłku dla bezrobotnych istnieje, jeśli spełnione są następujące założenia.

einen Antrag stellen – złożyć wniosek
Den Antrag auf Kindergeld kann man von der Internetseite der Arbeitsagentur herunterladen und bei der zuständigen Familienkasse stellen.
Wniosek o zasiłek na dzieci można pobrać ze strony internetowej urzędu pracy i złożyć w odpowiedniej kasie rodzinnej.

12

Formulardaten | Dane formularza

r. Vorname – imię
r. Nachname – nazwisko
s. Geburtsdatum – data
    urodzenia
r. Geburtsort – miejsce
    urodzenia
s. Alter – wiek
s. Geschlecht – płeć
männlich / weiblich –
    męska / żeńska
r. Familienstand – stan rodzinny
ledig – wolny(a)
verheiratet – zamężna / żonaty
verwitwet – wdowiec / wdowa
geschieden – rozwiedziony(a)

e. Nationalität – narodowość
e. Staatsangehörigkeit –
    obywatelstwo
e. Adresse, Anschrift – adres
r. Wohnort – miejsce
    zamieszkania
r. Hauptwohnsitz – stałe miejsce
    zamieszkania
r. Nebenwohnsitz – adres
    tymczasowy
e. Postleitzahl – kod pocztowy
e. Straße – ulica
e. Hausnummer – numer domu
e. Telefonnummer – numer
    telefonu

Wie heißen Sie? Jak się Pan/i nazywa?	Ich heiße… Nazywam się…
Wie alt sind Sie? Ile ma Pan/i lat?	Ich bin 31 Jahre alt. Mam 31 lat.
Wo wohnen Sie? Gdzie Pan/i mieszka?	Ich wohne in Warschau. Mieszkam w Warszawie.
Wie ist Ihre Adresse? Jaki jest Pana/i adres?	Meine Adresse latet: Mój adres brzmi:
Wie ist Ihre Telefonnummer? Jaki jest Pana/i numer telefonu?	Meine Telefonnummer ist ***** Mój numer telefonu to *****
Woher kommen Sie? Skąd Pan/i pochodzi?	Ich komme aus Polen. Pochodzę z Polski.
Wann sind Sie geboren? Kiedy się Pan/i urodził/a?	Ich bin am 4. April 1990 geboren. Urodziłem się 4 kwietnia 1990 r.
Wo sind Sie geboren? Gdzie się Pan/i urodził/a?	Ich bin in Warschau geboren. Urodziłem się w Warszawie.
Welche Staatsangehörigkeit haben Sie? Jakie ma Pan/i obywatelstwo?	Ich habe polnische Staatsangehörigkeit. Mam polskie obywatelstwo.

13

ZATRUDNIENIE I ANSTELLUNG

r. Arbeitnehmer – pracownik
Laut einer Umfrage arbeitet fast die Hälfte der Arbeitnehmer im Urlaub.
Według ankiety prawie połowa pracowników pracuje na urlopie.

r. Arbeitgeber – pracodawca
Dein neuer Arbeitgeber hat das Recht, das letzte Arbeitszeugnis zu verlangen.
Twój nowy pracodawca ma prawo domagać się ostatniego świadectwa pracy.

e. Arbeitsstelle – stanowisko pracy
Wegen eines Umzuges musste ich meine bisherige Arbeitsstelle aufgeben.
Z powodu przeprowadzki musiałem zrezygnować z mojego dotychczasowego stanowiska pracy.

Festanstellung	praca stała
Aushilfsarbeit, unregelmäßige Arbeit	praca dorywcza
Vollzeitstelle	praca na pełny etat
Halbtagsstelle	praca na pół etatu

e. Vollzeit/Teilzeit – pełny etat/pół etatu
Ich arbeite in Vollzeit/Teilzeit.
Pracuję na pełnym etacie/na pół etatu.

vollzeitbeschäftigt/teilzeitbeschäftigt – zatrudniony na cały etat/zatrudniony na pół etatu
Habe ich Anspruch auf Arbeitslosengeld, wenn ich nur teilzeitbeschäftigt bin?
Czy mam prawo do zasiłku dla bezrobotnych, jeśli jestem zatrudniony tylko na pół etatu?

verdienen – zarabiać
Wie viel verdienen Maurer mit sehr guten Deutschkenntnisse?
Ile zarabiają murarze z bardzo dobrą znajomością niemieckiego?

r. Stundensatz – stawka godzinowa
Da ich Anfänger bin, beträgt mein Stundensatz nur...
Ponieważ jestem początkujący, moja stawka godzinowa wynosi tylko...

r. Arbeitsvertrag – umowa o pracę
Der Arbeitsvertrag regelt alle Rechte und Pflichten eines Arbeitnehmers, sowie unter anderem, das Gehalt, die Arbeitszeit und die Anzahl der Urlaubstage.
Umowa o pracę reguluje wszystkie prawa i obowiązki pracownika oraz między innymi wynagrodzenie, czas pracy i liczbę dni urlopu.

befristeter Vertrag	umowa na czas określony
unbefristeter Vertrag	umowa na czas nieokreślony
Werksvertrag	umowa o dzieło
Dienstleistungsvertrag	umowa zlecenie

e. Vertragsbestimmungen – postanowienia umowy
Es gelten die allgemeine Vertragsbestimmungen für Bauleistungen.
Obowiązują ogólne postanowienia umowy dla usług budowlanych.

e. Probezeit – okres próbny
Ich habe eine dreimonatige Probezeit.
Mam trzymiesięczny okres próbny.

s. Arbeitsverhältnis – stosunek pracy
Wird das Arbeitsverhältnis nach Ablauf der Probezeit fortgesetzt?
Czy stosunek pracy będzie kontynuowany po upływie okresu próbnego?

einen Vertrag abschließen – zawrzeć umowę
Dieser Vertrag ist auf unbestimmte Zeit abgeschlossen.
Niniejsza umowa zawarta jest na czas nieokreślony.

den Vertrag rückgängig machen – unieważnić umowę
Wann kann der Vertrag rückgängig gemacht werden?
Kiedy umowa może zostać unieważniona?

auslaufen – wygasnąć, kończyć się
Wann läuft mein Vertrag aus?
Kiedy wygasa moja umowa?

ablaufen – tracić ważność
Bevor du zum Arzt gehst, überprüfe, ob deine Versicherungskarte nicht abgelaufen ist.
Zanim pójdziesz do lekarza, sprawdź, czy twoja karta ubezpieczeniowa nie straciła ważności.

e. Arbeitsbedingungen – warunki pracy
Jeder Arbeitnehmer hat das Recht auf sichere und würdige
Arbeitsbedingungen.
Każdy pracownik ma prawo do bezpiecznych i godnych warunków pracy.

e. Berufspflichten – obowiązki zawodowe
Zu den Berufspflichten des Arztes gehört die Einhaltung der
Verschwiegenheit.
Do obowiązków zawodowych lekarza należy zachowanie dyskrecji.

e. Aufstieg – awans
Die Karriereleiter bietet gute Chancen für den schnellen Aufstieg.
Ścieżka kariery oferuje dobre szanse do szybkiego awansu.

aufsteigen – awansować
Nach 5 Jahren bin ich zum Projektleiter aufgestiegen.
Po 5 latach awansowałem na kierownika projektu.

s. Gehalt – pensja
Wann wird das Gehalt ausgezahlt?
Kiedy będzie wypłacona pensja?

e. Gehaltserhöhung – podwyżka pensji
Mir wurde eine Gehaltserhöhung versprochen.
Miałem obiecaną podwyżkę.

r. Geschäftsführer – prezes
Nach drei Monaten wandte sich der neue Arbeitnehmer an den
Geschäftsführer und verlangte eine Gehaltserhöhung.
Po trzech miesiącach nowy pracownik zwrócił się do prezesa i zażądał
podwyżki pensji.

eine Gehaltserhöhung fordern – wystąpić o podwyżkę
Um eine Gehaltserhöhung fordern zu können, sollte man bei der Firma
mindestens ein halbes Jahr arbeiten.
Aby móc wystąpić o podwyżkę, powinno się pracować w firmie co najmniej
pół roku.

eine Gehaltserhöhung bekommen – dostać podwyżkę
Wer eine Gehaltserhöhung bekommen will, muss seinen Arbeitgeber davon
überzeugen, dass er das verdient.
Kto chce dostać podwyżkę, musi przekonać swojego pracodawcę o tym, że
zasługuje na to.

16

e. Belohnung/e. Strafe – nagroda/kara
Zur Belohnung für gute Arbeit erhielten alle Mitarbeiter höhere Prämie.
W nagrodę za dobrą pracę wszyscy pracownicy dostali wyższą premię.

e. Rüge/s. Lob – nagana/pochwała
Sein Chef erteilte ihm eine mündliche Rüge.
Jego szef udzielił mu ustnej nagany.

arbeitsunfähig – niezdolny do pracy
Ich bin arbeitsunfähig erkrankt.
Zachorowałem, tracąc zdolność do pracy.

arbeitsfähig – zdolny do pracy
Ich bin arbeitsfähig geschrieben worden.
Zostałem uznany za zdolnego do pracy.

e. Bescheinigung – zaświadczenie
Wenn du arbeitsunfähig krankgeschrieben bist, musst du die ärztliche
Bescheinigung dem Arbeitgeber vorlegen.
Jeśli zostaniesz uznany za niezdolnego do pracy, musisz przedłożyć
pracodawcy zaświadczenie lekarskie.

s. Krankengeld – zasiłek chorobowy
Arbeitnehmer, die wegen Krankheit arbeitsunfähig sind, erhalten
Krankengeld.
Pracownicy, którzy z powodu choroby są niezdolni do pracy, otrzymują
zasiłek chorobowy.

e. Arbeitszeit – czas pracy
Die wöchentliche Arbeitszeit beträgt ….Stunden.
Tygodniowy czas pracy wynosi ….godzin.

e. Verdienste – zarobki
Dürfen die Verdienste der Arbeitnehmer offengelegt werden?
Czy zarobki pracowników mogą zostać ujawnione?

e. Höhe des Verdienstes – wysokość zarobku
Die Höhe des Verdienstes hängt von verschiedenen Faktoren ab.
Wysokość zarobku zależy od wielu czynników.

r. Lohn – wynagrodzenie
Der Lohn für die Praktika ist nicht vorgesehen.
Wynagrodzenie za praktykę nie jest przewidzlane.

**r. Jahreslohn/Monatslohn/Tageslohn –
wynagrodzenie roczne/miesięczne/dzienne**
Wie hoch ist der durchschnittliche Monatslohn bei Ihrer Firma?
Ile wynosi przeciętne miesięczne wynagrodzenie w Państwa firmie?

vom Lohn abziehen – potrącić z pensji
Wie viel Geld wird mir für entstandenen Schaden vom Lohn abgezogen?
Ile pieniędzy będzie mi potrącone z pensji za powstałą szkodę?

Was darf vom Lohn abgezogen werden?
Co może być potrącone z pensji?

e. Einkommensteuer – podatek dochodowy	e. Sozialversicherung – ubezpieczenie społeczne

s. Einkommen – dochód
Die Arbeitnehmer klagen über ein zu niedriges Einkommen.
Pracownicy skarżą się na zbyt niski dochód.

r. bezahlte/unbezahlte Urlaub – urlop płatny/bezpłatny
Er nahm zwei Tage Urlaub.
(On) wziął dwa dni urlopu.

kündigen – wypowiedzieć
Jede Partei hat das Recht, den Vertrag mit angemessener Frist zu kündigen.
Każda strona ma prawo wypowiedzieć umowę z zachowaniem
wyznaczonego terminu.

e. Kündigung – wypowiedzenie
Er hat seine Kündigung aus wichtigem Grund eingereicht.
Złożył wypowiedzenie z ważnego powodu.

fristlos – bezterminowy
Das bedeutet eine fristlose Kündigung.
To oznacza wypowiedzenie ze skutkiem natychmiastowym.

e. Kündigungsfrist – termin wypowiedzenia
Der Vertrag kann unter Einhaltung einer dreimonatigen Kündigungsfrist
aufgelöst werden.
Umowa może zostać rozwiązana z zachowaniem trzymiesięcznego
wypowiedzenia.

e. Entlassung – zwolnienie z pracy
Die Entlassung erfolgte aufgrund von Konflikten im Team.
Zwolnienie nastąpiło z powodu konfliktów w zespole.

entlassen – zwalniać
Er ist aus disziplinarischen Gründen wegen unerlaubten Alkoholkonsums entlassen worden.
Został zwolniony dyscyplinarnie z powodu niedozwolonego spożycia alkoholu.

r. Personalabbau – redukcja personelu
Trotz der schwierigen Situation auf dem Markt plant unser Unternehmen keinen Personalabbau.
Mimo trudnej sytuacji na rynku nasze przedsiębiorstwo nie planuje redukcji personelu.

s. Einverständnis, Einvernehmen – porozumienie
Ich möchte den Arbeitsvertrag im gegenseitigen Einvernehmen kündigen.
Chciałbym wypowiedzieć umowę o pracę za porozumieniem stron.

s. Arbeitszeugnis – świadectwo pracy
Ein Arbeitszeugnis enthält unter anderem die durchgeführten Aufgaben und die Dauer der Beschäftigung.
Świadectwo pracy zawiera między innymi zrealizowane zadania i czas trwania zatrudnienia.

e. Referenzen – referencje
Die beste Referenzen für den Hersteller sind die Qualität seiner Erzeugnisse und Zufriedenheit der Kunden.
Najlepszymi referencjami dla producenta jest jakość jego produktów i zadowolenie klientów.

r. Vorruhestand/r. Ruhestand – wcześniejsza emerytura/emerytura
Aus gesundheitlichen Gründen müssen immer mehr Beschäftigte in den Vorruhestand gehen.
Z powodów zdrowotnych coraz więcej zatrudnionych musi iść na wcześniejszą emeryturę.

r. Rentner – emeryt, rencista
Welche Beiträge zahle ich als Rentner?
Jakie składki płacę jako emeryt?

W DRODZE | UNTERWEGS

losfahren – wyruszyć w drogę
Wir sind schon losgefahren.
Wyruszyliśmy już.

**mit dem Bus/Zug/Auto fahren –
jechać autobusem/pociągiem/samochodem**
Gestern sind wir mit dem Bus zur Arbeit gefahren.
Wczoraj pojechaliśmy do pracy autobusem.

sich verfahren – zgubić się, zabłądzić
Ich habe mich in der Innenstadt / bei dem Nebel verfahren.
Zabłądziłem w sródmieściu / we mgle.

nach dem Weg fragen – pytać o drogę
Ich wollte nach dem Weg zum Stadtzentrum fragen.
Chciałem zapytać o drogę do centrum miasta.

den Weg zeigen/weisen – pokazać/wskazać drogę
Zeigen Sie mir bitte den Weg auf der Karte.
Proszę mi wskazać drogę na mapie.

(nach) rechts/links abbiegen – skręcić w prawo/lewo
An der nächsten Kreuzung biegen Sie rechts ab.
Na następnym skrzyżowaniu proszę skręcić w prawo.

geradeaus fahren – jechać prosto
Dann müssen Sie ca. 3 km geradeaus fahren.
Potem musi Pan jechać prosto ok. 3 km.

unterwegs sein – być w drodze
Ich bin schon unterwegs nach Hause.
Jestem już w drodze do domu.

sich nähern – zbliżać się
Wir nähern uns dem Hotel/dem Ziel/dem Stadtzentrum.
Zbliżamy się do hotelu/celu/centrum miasta.

weit / nah – daleko / blisko

Ist es noch weit von hier [bis zum Hotel]?
Czy daleko jeszcze stąd [do hotelu]?

Es ist nicht mehr weit.
Już niedaleko.

über die Grenze fahren – przejeżdżać przez granicę
Darf man mit einem gemieteten Wagen über die Grenze fahren?
Czy można przejeżdżać przez granicę wypożyczonym samochodem?

e. Umleitung – objazd
Der Verkehr wurde umgeleitet.
Ruch kierowano objazdami.

einen Umweg fahren – jechać objazdem
Der Taxifahrer ist absichtlich einen Umweg gefahren.
Kierowca taksówki celowo jechał objazdem.

auftanken – zatankować benzynę
Auf dem Weg mussten wir anhalten, um das Auto aufzutanken.
Po drodze musieliśmy się zatrzymać, żeby zatankować samochód.

volltanken – zatankować do pełna
Ist das Auto vollgetankt?
Czy samochód jest zatankowany do pełna?

e. Tankstelle – stacja benzynowa
Das ist die billigste Tankstelle in der Nähe.
To jest najtańsza stacja benzynowa w pobliżu.

Gas geben – dodać gazu
Gib Gas, sonst kommen wir zu spät zur Arbeit!
Dodaj gazu, inaczej spóźnimy się do pracy!

Gas wegnehmen – zmniejszyć gaz
Vor der Kurve soll man das Gas wegnehmen.
Przed zakrętem powinno się zmniejszyć gaz.

auf der Autobahn fahren – jechać autostradą
Wie schnell darf man auf der deutschen Autobahn fahren?
Jak szybko można jechać na niemieckiej autostradzie?

e. Richtung – kierunek
In welche Richtung muß ich fahren?
W jakim kierunku muszę jechać?

r. Weg – droga
Wir haben noch zwei Stunden Weg vor uns.
Mamy jeszcze dwie godziny drogi.

e. Ausfahrt – wyjazd
Die Ausfahrt ist nicht ausgeschildert, obwohl die Autobahn für den Verkehr freigegeben ist.
Wyjazd nie jest oznakowany, chociaż autostrada jest oddana do ruchu.

e. Strecke – odcinek drogi, odległość
Wegen Bauarbeiten wird die Strecke Wedding–Tegel am kommenden Wochenende gesperrt.
Z powodu prac budowlanych odcinek Wedding–Tegel w przyszły weekend będzie zamknięty.

e. Spur – pas ruchu
Der Fahrer wollte die Spur wechseln, ohne vorher in den Spiegel zu blicken.
Kierowca chciał zmienić pas bez spojrzenia wcześniej w lusterko.

auf der linken Spur fahren – jechać lewym pasem
Man darf nicht auf der linken Spur fahren, es sei denn, man überholt.
Nie można jechać lewym pasem, chyba że się wyprzedza.

r. Kreisverkehr – ruch okrężny, rondo
Beim nächsten Kreisverkehr die erste Ausfahrt nehmen.
Przy następnym rondzie wybrać pierwszy zjazd.

vorbeikommen bei – wstąpić do
Vielleicht schaffen wir es auf dem Rückweg beim Baumarkt vorbeizukommen.
Może w drodze powrotnej damy radę wstąpić do marketu budowlanego.

vorbeikommen an/vorbeifahren an – przechodzić obok/przejeżdżać obok
Ich fahre am Einkaufszentrum vorbei.
Przejeżdżam obok centrum handlowego.

zurücklegen – przebyć, pokonywać
Wir legen einen langen Weg zwischen der Baustelle und dem Wohnort zurück.
Pokonujemy długą drogę między budową a miejscem zamieszkania.

müde – zmęczony
Fast jeder Autofahrer kann sich an Situationen erinnern, in denen er am Steuer so müde war, dass er fast eingeschlafen ist.
Prawie każdy kierowca może przypomnieć sobie sytuacje, w których był tak zmęczony za kierownicą, że prawie zasnął.

sich erholen – odpocząć
Ich bin schon sehr müde, ich muss mich erholen.
Jestem już bardzo zmęczony, muszę odpocząć.

anhalten – zatrzymać się
Halte an der nächsten Tankstelle an.
Zatrzymaj się na następnej stacji benzynowej.

einparken – zaparkować
Ich konnte nirgends einen Parkplatz finden.
Nigdzie nie mogłem znaleźć miejsca parkingowego.
[Nie miałam gdzie zaparkować].

r. Strafzettel – mandat
Ich bekam einen Strafzettel für falsches Parken/für zu schnelles Fahren.
Dostałem mandat za złe parkowanie/za zbyt szybką jazdę.

e. Verkehrskontrolle – kontrola drogowa
"Führerschein und Fahrzeugpapiere bitte", so beginnt fast jede
Polizeikontrolle.
„Prawo jazdy i dokumenty pojazdu proszę", tak zaczyna się prawie każda
kontrola policji.

r. Personalausweis	r. Führerschein	r. Kraftfahrzeugschein
Dowód osobisty	Prawo jazdy	Dowód rejestracyjny

e. Geschwindigkeitsüberschreitung – przekroczenie prędkości
Ich musste ein Bußgeld wegen Geschwindigkeitsüberschreitung zahlen.
Musiałem zapłacić mandat za przekroczenie prędkości.

die Höchstgeschwindigkeit überschreiten –
przekroczyć dozwoloną prędkość
Um wie viele km/h hast du die Höchstgeschwindigkeit überschritten?
O ile km/h przekroczyłeś dozwoloną prędkość?

s. Manöver – manewr
Nach einem riskanten Überholmanöver ist ein Mann ums Leben gekommen.
Po ryzykownym manewrze wyprzedzania zginął mężczyzna.

e. Vorfahrt – pierwszeństwo przejazdu
Am Zebrastreifen haben Fußgänger „Vorfahrt".
Na pasach piesi mają pierwszeństwo.

die Vorfahrt nehmen – wymusić pierwszeństwo
Nachdem die Vorfahrt genommen wurde, ist ein 19-jährige Autofahrer bei einem Unfall schwer verletzt worden.
Po tym, jak wymuszono pierwszeństwo, w wypadku został ciężko ranny 19-letni kierowca samochodu.

die Vorfahrt gewähren – udzielić pierwszeństwa
Als der Autofahrer sah, dass der Radfahrer ihm die Vorfahrt nicht gewährt, trat er voll auf die Bremse.
Kiedy kierowca samochodu zobaczył, że rowerzysta nie udzieli mu pierwszeństwa, nacisnął z całą siłą na hamulec.

bremsen – hamować
Ich musste scharf bremsen, um das Auto rechtzeitig zum Stillstand zu bringen.
Musiałem ostro hamować, żeby zatrzymać samochód na czas.

r. Verkehrsunfall – wypadek drogowy
Ein riskantes Überholmanöver hat zu einem Unfall geführt.
Ryzykowny manewr wyprzedzania doprowadził do wypadku.

verursachen – spowodować
Ich bin versehentlich über Rot gefahren und habe einen Unfall verursacht.
Nieumyślnie przejechałem na czerwonym i spowodowałem wypadek.

einen Unfall haben – mieć wypadek
Ich hatte einen Unfall.
Miałem wypadek.

einen Unfall melden – zgłosić wypadek
Ich will den Unfall der Polizei melden.
Chcę zgłosić wypadek policji.

die Polizei rufen – zadzwonić na policję
Wenn beim Unfall niemand verletzt wurde, muss man die Polizei nicht rufen.
Jeśli w wypadku nikt nie został ranny, nie trzeba dzwonić na policję.

den Krankenwagen rufen – zadzwonić po karetkę
Wenn du einen Krankenwagen rufst, braucht die Rettungszentrale ein paar wichtige Angaben von dir.
Jeśli dzwonisz po karetkę, centrala pogotowia potrzebuje od ciebie kilka ważnych informacji.

passieren – wydarzyć się, zdarzyć się

> Was ist passiert?
> Co się stało?

> An der Kreuzung ist ein Unfall passiert.
> Na skrzyżowaniu zdarzył się wypadek.

zusammenstoßen – zderzyć się
Auf der Straße...in Richtung...sind drei Autos zusammengestoßen.
Na ulicy...w kierunku... zderzyły się trzy samochody.

verletzt – ranny
Beim Unfall sind drei Personen schwer/leicht verletzt worden.
W wypadku ciężko/lekko ranne zostały trzy osoby.

erste Hilfe – pierwsza pomoc
Leisten Sie erste Hilfe und rufen Sie bei Bedarf die Polizei.
Proszę udzielić pierwszej pomocy i w razie potrzeby zadzwonić po policję.

sperren – zamknąć, zablokować
Die Straße musste nach dem Unfall gesperrt werden.
Po wypadku ulica musiała zostać zamknięta.

r. Verkehrsstau – korek uliczny
Wegen Verkehrsstau müssen die Reisende mit Verspätungen rechnen.
Z powodu korku ulicznego podróżni muszą liczyć się z opóźnieniami.

im Stau stehen – stać w korku
Knapp 70 Stunden pro Jahr steht jeder deutsche Autofahrer im Stau.
Prawie 70 godzin rocznie każdy niemiecki kierowca stoi w korku.

im Stau stecken – utknąć w korku
Ich bin im Stau stecken geblieben.
Utknąłem w korku.

e. Verspätung – spóźnienie
Wir haben eine Stunde Verspätung.
Mamy godzinę spóźnienia.

Entschuldigung für meine Verspätung!
Przepraszam za spóźnienie!

r. Unfallverursacher – sprawca wypadku
Der Unfallverursacher ist unbekannt.
Sprawca wypadku jest nieznany.

e. Versicherung – ubezpieczenie
Ein Vergleich der Versicherungen lohnt sich.
Porównanie ubezpieczeń opłaca się.

Unfallversicherung - ubezpieczenie od następstw nieszczęśliwych wypadków	Haftpflichtversicherung - ubezpieczenie od odpowiedzialności cywilnej

r. Schaden – szkoda
Bei dem Unfall wurde keine Person verletzt aber es entstand Sachschaden in Höhe von 5.000 €.
W wypadku nie została ranna żadna osoba, ale powstała szkoda rzeczowa w wysokości 5.000 €.

die Kosten übernehmen – pokryć koszty
Wer übernimmt die Kosten?
Kto pokryje koszty?

r. Schadenersatz – odszkodowanie
Welcher Schadensersatz steht mir nach dem Verkehrsunfall mit meinem Auto zu?
Jakie odszkodowanie przysługuje mi po wypadku moim samochodem?

e. Panne – uszkodzenie, awaria
Mein Auto hat eine Panne.
Samochód mi się zepsuł.

Der Motor ist kaputtgegangen.	Silnik się popsuł.
Der Motor läuft heiß.	Silnik się przegrzewa.
Der Akku ist leer.	Akumulator się rozładował.
Der Keilriemen ist gerissen.	Zerwał się pasek klinowy.
Der Kühlerschlauch ist geplatzt.	Pękł wąż do chłodnicy.
Das Öl läuft aus.	Wycieka olej.
Meine Scheinwerfer / Schlusslichter funktionieren nicht.	Przednie/tylne światła nie działają.
Es gibt ein Problem mit der Servolenkung.	Jest problem ze wspomaganiem kierownicy.
Das Getriebe funktioniert nicht richtig.	Skrzynia biegów nie działa prawidłowo.
Die Lenkung zieht nach links/rechts.	Układ kierowniczy ściąga w lewo/w prawo.
Die Bremse funktioniert nicht.	Nie działa hamulec.
Das Benzin ist alle.	Benzyna się skończyła.

defekt/kaputt sein – być wadliwym, uszkodzonym
Woran erkennt man genau, dass der Kühler defekt ist?
Po czym dokładnie rozpoznaje się, że chłodnica jest uszkodzona?

e. Reifenpanne – przebicie opony
Ich hatte eine Reifenpanne.
Miałem przebicie opony [Złapałem gumę].

an den Straßenrand fahren – zjechać na pobocze
Wenn man unterwegs eine Panne hat, muss man an den Straßenrand
fahren und auf Hilfe warten.
Jeśli po drodze ma się awarię, trzeba zjechać na pobocze i zaczekać na
pomoc.

ausschalten – wyłączyć
An roten Ampeln schalte ich manchmal den Motor aus.
Na czerwonych światłach czasami wyłączam silnik.

einschalten – włączyć
Der Motor lässt sich nicht einschalten.
Silnik nie może się włączyć (uruchomić).

einen Schaden reparieren – naprawić uszkodzenie
Gibt es in der Gegend jemanden, der mir den Schaden reparieren könnte?
Czy jest ktoś w okolicy, kto mógłby mi naprawić uszkodzenie?

r. Pannendienst – pomoc drogowa
Der Pannendienst ist eine mobile Autowerkstatt, die Fahrern zu Hilfe kommt.
Pomoc drogowa to mobilny warsztat samochodowy, który przybywa
kierowcom z pomocą.

r. Abschleppdienst – pomoc drogowa (autoholowanie)
Ich denke, wir sollen den Abschleppdienst anrufen.
Myślę, że powinniśmy zadzwonić po pomoc drogową.

abschleppen – odholować
Wenn ein Auto falsch geparkt ist, kann es abgeschleppt werden.
Jeśli samochód zaparkowany jest nieprawidłowo, może zostać odholowany.

s. Abschleppseil – linka holownicza
Am Straßenrand wartet ein Mann mit Abschleppseil auf Hilfe.
Na skraju ulicy mężczyzna z linką holowniczą czeka na pomoc.

e. Autowerkstatt – warsztat samochodowy
Könnten Sie meinen Wagen zur nächsten Werkstatt abschleppen?
Czy mógłby Pan/i odholować mój samochód do najbliższego warsztatu?

e. Fahrkarte kaufen – kupować bilet
Wo kann man Fahrkarten kaufen?
Gdzie można kupić bilety?
Die Fahrkarten kann man rund um die Uhr online kaufen.
Bilety można kupić online przez całą dobę.

Bitte eine Fahrkarte nach...	Poproszę jeden bilet do...
einfach oder hin und zurück?	w jedną stronę czy tam i z powrotem?
Wann fährt der Zug nach Warschau ab?	Kiedy odjeżdża pociąg do Warszawy?
Wie lange dauert die Reise?	Jak długo trwa podróż?
Muss ich umsteigen?	Czy muszę się przesiadać?
Um wie viel Uhr kommt der Zug an?	O której godzinie pociąg jest na miejscu?
Was kostet die Fahrkarte?	Ile kosztuje bilet?
Von welchem Gleis / Bahnsteig fährt der Zug ab?	Z jakiego toru / peronu odjeżdża pociąg?

einen Fahrschein entwerten – kasować bilet
Nach dem Einsteigen sofort den Fahrschein entwerten.
Po wejściu natychmiast skasować bilet.

e. Fahrkartenkontrolle, Fahrscheinkontrolle – kontrola biletów
Wenn man bei einer Fahrscheinkontrolle keinen gültigen Fahrschein
vorweisen kann, muss man mit einer Gebühr in Höhe von... rechnen.
Jeśli w czasie kontroli biletów nie można okazać ważnego biletu, trzeba
liczyć się z opłatą w wysokości...

gültig – ważny, aktualny
Die Fahrkarte ist nicht mehr gültig.
Ten bilet jest już nieważny.

s. [öffentliches] Verkehrsmittel – [publiczny] środek komunikacji
Das Stadtzentrum ist mit öffentlichen Verkehrsmitteln rasch und bequem
erreichbar.
Do centrum miasta dojeżdża się szybko i wygodnie publicznymi środkami
komunikacji.

28

e Haltestelle – przystanek
An welcher Haltestelle muss ich aussteigen?
Na jakim przystanku muszę wysiąść?

Bushaltestelle	przystanek autobusowy
Straßenbahnhaltestelle	przystanek tramwajowy
Endhaltestelle	przystanek końcowy
Bedarfshaltestelle	przystanek na żądanie

einen Flug/Zug verpassen – spóźnić się na samolot/pociąg
Beeile dich, sonst verpassen wir den Zug.
Pośpiesz się, inaczej spóźnimy się na pociąg.

das Gepäck zur Aufbewahrung abgeben –
oddać bagaż do przechowalni
Die Gepäcke kann man kostenlos zur Aufbewahrung abgeben.
Bagaże można bezpłatnie oddać do przechowalni.

abholen – odebrać
Auf Wunsch können wir Sie vom Bahnhof abholen und zum Hotel bringen.
Na życzenie możemy Państwa odebrać z dworca i zawieźć do hotelu.

e. Gebühr – opłata
Wie hoch ist die Gebühr
Ile wynosi opłata
- für die Gepäckbeförderung – za przewóz bagażu
- für die Gepäckaufbewahrung – za przechowanie bagażu
- für das Parken – za parkowanie

befinden sich – znajdować się

Wo befindet sich ein Taxistand / eine Post / Bushaltestelle?

Gdzie znajduje się postój taksówek / poczta / przystanek?

Die Bushaltestelle befindet sich dem Hotel gegenüber / in der Nähe.

Przystanek autobusowy znajduje się naprzeciwko hotelu / w pobliżu.

einsteigen – wsiąść
Es ist mir aufgefallen, dass ich aus Versehen in den falschen Bus eingestiegen bin.
Zauważyłem, że przez pomyłkę wsiadłem do niewłaściwego autobusu.

aussteigen – wysiąść
Wie heißt die Haltestelle, an der ich aussteigen muss?
Jak nazywa się przystanek, na którym muszę wysiąść?

eine Haltestelle verpassen – przejechać, przegapić przystanek
Es hat sich herausgestellt, dass ich die Haltestelle verpasst habe.
Okazało się, że przegapiłem przystanek.

Fährt die Straßenbahn zum Bahnhof / durch das Zentrum?	Czy ten tramwaj jedzie na dworzec / przez centrum?
Fährt dieser Bus nach Leipzig?	Czy ten autobus jedzie do Lipska?
Fahren heute keine Busse?	Czy dzisiaj nie kursują autobusy?
Sie fahren alle zehn Minuten.	Kursują co 10 minut.
Wohin fährt dieser Zug/Bus?	Dokąd jedzie ten pociąg/autobus?
Welcher Bus fährt nach...	Który autobus jedzie do...
Hält dieser Zug/Bus in...?	Czy ten pociąg/autobus zatrzymuje się w...?
Wie viele Haltestellen sind es zum Bahnhof?	Ile jest przystanków do dworca?
Wo ist die nächste Bushaltestelle?	Gdzie jest najbliższy przystanek autobusowy?
Wo befindet sich...?	Gdzie znajduje się...?
An der anderen Seite.	Po przeciwnej stronie.
Hinter dieser Kreuzung.	Za tym skrzyżowaniem.
Wie komme ich...	Jak dojść...
... zum Bahnhof?	...na dworzec kolejowy?
... zur Bushaltestelle?	...na dworzec autobusowy?
... zum Flughafen?	...na lotnisko?
... zum Hotel?	...do hotelu?
...zur Post?	...na pocztę?
...zur Apotheke?	...do apteki?
...zur nächsten Tankstelle	...do najbliższej stacji benzynowej
Gehen Sie geradeaus.	Proszę iść prosto.
Die Straße entlang gehen.	Iść wzdłuż ulicy.
Über die Straße	Przez ulice
Über den Marktplatz	Przez rynek
Durch den Park	Przez park
den Fluss entlang	Wzdłuż rzeki
An der Kirche vorbei	Obok kościoła
An der Kreuzung likns/rechts abbiegen.	Na skrzyżowaniu skręcić w lewo/w prawo.

ZAKWATEROWANIE | UNTERBRINGUNG

ankommen – przyjeżdżać, przybywać
Wir kommen heute abends/am späten Nachmittag/spät in der Nacht an.
Przyjedziemy dzisiaj wieczorem/późno po południu/późno w nocy.

pünktlich, rechtzeitig – punktualnie, na czas
Wir schaffen nicht pünktlich zu sein.
Nie damy rady być punktualnie.

sich verspäten – spóźnić się
Der Zug hat sich (um) eine Stunde verspätet.
Pociąg spóźnił się (o) godzinę.

e. Reservierung – rezerwacja
Ich habe eine Reservierung auf den Namen Nowak.
Mam rezerwację na nazwisko Nowak.

eine Reservierung vornehmen – dokonać rezerwacji, zarezerwować
Wenn Sie eine Reservierung vornehmen wollen, füllen Sie bitte folgendes Formular aus.
Jeśli chcą Państwo dokonać rezerwacji, proszę wypełnić poniższy formularz.

eine Reservierung stornieren – odwołać rezerwację
Wird die Anzahlung zurückerstattet, wenn ich die Reservierung storniere?
Czy zaliczka zostanie zwrócona, jeśli odwołam rezerwację?

s. Zimmer – pokój
Haben Sie freie Zimmer?
Czy mają Państwo wolne pokoje?

**s. Einzelzimmer/Doppelzimmer –
pokój jednoosobowy/pokój dwuosobowy**
Wir nehmen ein Doppelzimmer mit zwei Einzelbetten.
Weźmiemy pokój dwuosobowy z dwoma pojedynczymi łóżkami.

s. Einzelbett/Doppelbett – łóżko pojedyncze/łóżko podwójne
Das Schlafzimmer verfügt über ein großes Doppelbett, bestehend aus zwei Einzelbetten.
Sypialnia dysponuje jednym dużym łóżkiem podwójnym, złożonym z dwóch łóżek pojedynczych.

verfügen über – dysponować czymś
Die Wohnung verfügt über...
Mieszkanie dysponuje...

eine Küche – kuchnią	ein Wohnzimmer – salonem
ein Schlafzimmer – sypialnią	ein Badezimmer – łazienką

ausgestattet – wyposażony
Die separate Küche ist komplett und modern ausgestattet mit...
Oddzielna kuchnia jest kompletnie i nowocześnie wyposażona w...

der Kühlschrank	lodówka
der Gefrierschrank	zamrażarka
der Plattenherd	płyta kuchenna
der Backofen	piekarnik
die Mikrowelle	mikrofalówka
die Kaffeemaschine	ekspres do kawy
der Toaster	toster
die Waschmaschine	pralka

weit/nah – daleko/blisko
Wie weit ist die Wohnung vom Stadtzentrum/vom Bahnhof entfernt?
Jak daleko mieszkanie oddalone jest od centrum miasta/od dworca?

entfernt – oddalony
Die Wohnung ist 8 Kilometer vom Stadtzentrum entfernt.
Mieszkanie jest oddalone 8 kilometrów od centrum miasta.

in der Nähe – w pobliżu
Gibt es ein Supermarkt/ein Geldautomat in der Nähe?
Czy jest w pobliżu jakiś supermarket/bankomat?

e. Gegend – okolica
In dieser Gegend gibt es nur wenige Fahrwege.
W tej okolicy tylko nieliczne drogi są przejezdne.

putzen, reinigen – czyścić, sprzątać
Wie oft wird die Wohnung geputzt?
Jak często mieszkanie jest sprzątane?

sauber/schmutzig – czysty/brudny
Das Haus ist schmutzig und heruntergekommen und manche Geräte
funktionieren nicht.
Dom jest brudny i podupadły, a niektóre urządzenia nie funkcjonują.

Die Klospülung ist kaputtgegangen.	Spłuczka klozetowa zepsuła się.
Die Heizung/der Fernseher funktioniert nicht.	Ogrzewanie/ telewizor nie działa.
Im Badezimmer tropft der Wasserhahn.	W łazience cieknie kran.
Es gibt kein warmes Wasser.	Nie ma ciepłej wody.
Es fehlt hier Seife und Toilettenpapier.	Brakuje tu mydła i papieru toaletowego.
Könnten wir frische Handtücher bekommen?	Czy moglibyśmy dostać czyste ręczniki?
Ich kann die Klimaanlage nicht anschalten/ausschalten.	Nie mogę włączyć/wyłączyć klimatyzacji.

das Zimmer sauber halten – utrzymywać pokój w czystości
Die Wohnung und das Zimmer sind sauber zu halten.
Mieszkanie i pokój należy utrzymywać w czystości.

e. Reinigungsmittel – środki czystości
Die Reinigungsmittel sollen nicht in Berührung mit Haut kommen.
Środki czystości nie powinny mieć kontaktu ze skórą.

länger bleiben – zostać dłużej
Falls Sie länger bleiben, wird der Besitzer frische Bettwäsche und
Handtücher zur Verfügung stellen.
W przypadku, gdy zostaną Państwo dłużej, właściciel przekaże do
dyspozycji świeżą pościel i ręczniki.

verzögern – opóźniać się
Unsere Abreise verzögert sich um fast einen Monat.
Nasz wyjazd opóźni się prawie o miesiąc.

verschieben – przesunąć
Der Abreisetermin verschiebt sich um fünf Tage.
Termin odjazdu przesunie się o pięć dni.

abreisen – odjeżdżać, wyjeżdżać
Wir reisen morgen sehr früh ab.   Er ist frühmorgens abgereist.
Wyjeżdżamy jutro bardzo wcześnie.   Wyjechał z samego rana.

fristgemäß, fristgerecht, rechtzeitig – terminowo
Die Wohnung wird rechtzeitig abgegeben.
Mieszkanie będzie oddane terminowo.

verlassen – opuścić
Bis wann sollen wir das Zimmer verlassen?
Do kiedy powinniśmy opuścić pokój?

im Preis inbegriffen – zawarte w cenie, wliczone w cenę
Die Endreinigung ist nicht im Preis inbegriffen.
Sprzątanie końcowe nie jest wliczone w cenę.

die Wohnung kündigen – wypowiedzieć mieszkanie
Wir müssen die Wohnung früher als geplant kündigen.
Musimy wypowiedzieć mieszkanie wcześniej niż było w planie.

umziehen – przenieść się, przeprowadzić
Wir ziehen in eine andere Stadt um.
Przenosimy się do innego miasta.

die Koffer packen – pakować walizki
Die Koffer haben wir schon gestern Abend gepackt.
Walizki spakowaliśmy już wczoraj wieczorem.

sich anmelden/sich abmelden – zameldować się/wymeldować się
Ich möchte mich abmelden.
Chciałbym się wymeldować.

e. Unterkunft – kwatera
Ich suche eine Unterkunft für 5 Personen.
Szukam zakwaterowania dla 5 osób.

buchen – rezerwować
Ich möchte Ihre Wohnung für 2 Wochen buchen.
Chciałbym zarezerwować Państwa mieszkanie na 2 tygodnie.

r. Vorschuss – zaliczka
Ist ein Vorschuss notwendig?
Czy konieczna jest zaliczka?

im Hotel bleiben – zatrzymać się w hotelu
Für eine Nacht bleiben wir im Hotel.
Na jedną noc zatrzymamy się w hotelu.

Haben Sie freie Zimmer vom... bis...?	Czy mają Państwo wolne pokoje od...do...?
Wie viel kostet ein Einzelzimmer/Doppelzimmer Für eine Nacht?	Ile kosztuje pokój jedno-/dwuosobowy Na jedną noc?
mit voller Verpflegung	z pełnym wyżywieniem
mit Halbpension	z niepełnym wyżywieniem
mit Frühstück	ze śniadaniem
Ist das Frühstück im Preis inbegriffen ?	Czy śniadanie jest wliczone w cenę?
OK, ich nehme es.	OK, biorę to.
Ich bleibe hier eine Nacht (...Nächte).	Zatrzymam się tu na jedną noc (... nocy).
Wann gibt es Frühstück/Abendessen?	O której godzinie jest śniadanie/kolacja?

den Schlüssel verlieren – zgubić klucz
Falls der Schlüssel zum Schrank verloren oder kaputt geht, wird eine Gebühr von 30 € erhoben.
Jeśli klucz do szafki zginie lub zostanie uszkodzony, pobierana jest opłata w wysokości 30 €.

die Schlüssel nachmachen – dorabiać klucze
In Gebäuden mit normalen Zylindern an den Türen kann man jeder Schlüssel problemlos nachmachen.
W budynkach ze zwykłymi cylindrami w drzwiach bez problemu można dorobić każdy klucz.

die Schlüssel zurückgeben – zwrócić klucze
Ich habe vergessen, den Schlüssel zurückzugeben!
Zapomniałem zwrócić klucz!

die Rechnung bezahlen – zapłacić rachunek
Ich wollte die Rechnung für Unterkunft und Verpflegung bezahlen.
Chciałem zapłacić rachunek za nocleg i wyżywienie.

bar zahlen/in bar bezahlen – płacić gotówką
Für erste Woche müssen Sie im Voraus in bar bezahlen.
Za pierwszy tydzień musi Pan zapłacić gotówką z góry.

mit Karte zahlen – płacić kartą
Kann man mit Karte zahlen?
Czy można płacić kartą?

35

im Voraus zahlen – płacić z góry
Zahlt man im Voraus oder bei der Abfahrt?
Płaci się z góry czy przy odjeździe?

in Raten bezahlen – płacić w ratach
Kann ich die Forderung in Raten bezahlen?
Czy należność mogę zapłacić w ratach?

zusammen oder getrennt? – razem czy osobno?
Sie haben getrennt bezahlt, jeder für sich.
Płacili osobno, każdy za siebie.

e. Barzahlung – płatność gotówką
Alle Barzahlungen wurden in der neuen Währung getätigt.
Wszystkie płatności gotówkowe zostały dokonane w nowej walucie.

e. Zahlungsfrist, Fälligkeit – termin płatności
Bei Überschreitung der Zahlungsfrist ist die Firma berechtigt, Verzugszinsen
zu berechnen.
W przypadku przekroczenia terminu płatności firma upoważniona jest do
naliczenia odsetek za zwłokę.

die Rechnung begleichen – uregulować rachunek
Die Rechnung wird von der Firma per Überweisung beglichen.
Rachunek zostanie uregulowany przez firmę przelewem.

eine Rechnung ausstellen – wystawić rachunek

Auf welchen Namen soll ich die Rechnung ausstellen? Na jakie nazwisko mam wystawić rachunek?	Die Rechnung stellen Sie bitte auf die Firma ... aus. Rachunek proszę wystawić na firmę...

stimmen – zgadzać się
Die Rechnung stimmt nicht.
Rachunek się nie zgadza.

die Rechnung korrigieren – skorygować rachunek
Korrigieren Sie bitte die Rechnung, da sie eine falsche Anschrift enthält.
Proszę skorygować rachunek, ponieważ zawiera błędny adres.

NA MIEJSCU PRACY I AM ARBEITSPLATZ

anfangen – zaczynać
Wann fange ich an?
Kiedy zaczynam?

zur Arbeit gehen – iść do pracy
Um wie viel Uhr gehst du morgen zur Arbeit?
O której godzinie idziesz jutro do pracy?

e. Schichten – zmiany pracy
Welche Schichten gibt es?   Wir arbeiten in drei Schichten.
Jakie są zmiany?   Pracujemy na trzy zmiany.

beginnen – zaczynać
Wann beginnt die Tagschicht/Frühschicht/Mittagschicht/Nachtschicht?
Kiedy zaczyna się zmiana dzienna/zmiana ranna/zmiana popołudniowa/
zmiana nocna?

enden – kończyć
Um wieviel Uhr endet die Nachtschicht?
O której godzinie kończy się zmiana nocna?

e. Arbeitszeit – czas pracy
Pausen sind nicht zur Arbeitszeit zu rechnen.
Przerwy nie są wliczane do czasu pracy.

e. Pausen – przerwy
Wann ist eine Pause und wie lange dauert sie?
Kiedy jest przerwa i jak długo trwa?

e. Arbeitstage – dni pracy
Für die meisten Arbeitnehmer ist der Samstag kein Arbeitstag.
Dla większości pracowników sobota nie jest dniem pracy.

die arbeitsfreien Tage – dni wolne od pracy
Viele Arbeitnehmer meinen irrtümlich, dass es sich bei Heiligabend und
Silvester um allgemeine arbeitsfreie Tage handelt.
Wielu pracowników błędnie myśli, że w przypadku wigilii i Sylwestra chodzi o
dni wolne od pracy.

r. Feiertag – święto
Wenn du deinen Urlaub planst, empfiehlt es sich, mit gesetzlichen
Feiertagen zu rechnen.
Jeśli planujesz urlop, zaleca się wziąć pod uwagę święta ustawowe.

machen – robić
Machen wir eine Pause. Wir haben das verdient.
Zróbmy przerwę. Zasłużyliśmy na to.

> Was machen wir heute?
> Co dzisiaj robimy?

> Heute fangen wir mit
> Fußbodenschleifen an.
> Dzisiaj zaczynamy
> cyklinowanie podłóg.

e. Überstunden – nadgodziny
Überstunden sind in vielen Branchen an der Tagesordnung.
Nadgodziny są w wielu branżach na porządku dziennym.

e. Aufgaben – zadania
Was sind meine Aufgaben?
Jakie są moje zadania?

r. Stundenzettel – wykaz godzin pracy, karta obecności
Bitte füllen Sie den Stundenzettel sorgfältig aus und unterschreiben Sie ihn.
Proszę starannie wypełnić wykaz godzin i podpisać go.

sich einarbeiten – wdrażać się do pracy
Ich muss mich erst einarbeiten.
Muszę dopiero się wdrożyć.

Ein guter Mitarbeiter ist Dobry pracownik jest...	Ein schlechter Mitarbeiter ist Kiepski pracownik jest...
verantwortlich – odpowiedzialny	verantwortungslos – nieodpowiedzialny
fleißig – pracowity	faul – leniwy
gelassen – opanowany	zerstreut – roztargniony
selbstsicher – pewny siebie	unsicher – niepewny
genau – dokładny	ungenau – niedokładny
entschlossen – zdecydowany	unentschlossen – niezdecydowany
sauber – schludny	schlampig – niechlujny
ehrlich – uczciwy	unehrlich – nieuczciwy

nacharbeiten – odpracować [nieobecność]
In dieser Woche muss ich 10 Stunden/einen freien Tag nacharbeiten.
W tym tygodniu muszę odpracować 10 godzin/dzień wolny.

e. Abwesendheit von der Arbeit – nieobecność w pracy
Ein Mitarbeiter kam nach längerer Abwesenheit wieder zur Arbeit.
Po dłuższej nieobecności pracownik wrócił do pracy.

e. Vertretung – zastępstwo
Ich brauche eine Vertretung für Sonntag.
Potrzebuję zastępstwa na niedzielę.

e. Personalversammlung – zebranie personelu
Der Leiter hat eine Versammlung einberufen.
Kierownik zwołał zebranie.

Wo ist der Leiter?	Gdzie jest kierownik?
Wo können wir uns umkleiden?	Gdzie możemy się przebrać?
Was sollen wir tun?	Co mamy robić?
zuerst/später/zum Schluss	najpierw/później/na koniec
Dürfen wir länger arbeiten?	Czy możemy dłużej pracować?
Arbeiten wir am Wochenende?	Pracujemy w weekend?
Haben wir morgen frei?	Czy jutro mamy wolne?
Wo ist der Verbandkasten/ die Toilette?	Gdzie jest apteczka/ toaleta?
Wo können wir uns waschen?	Gdzie możemy się umyć?
Kann ich... bekommen?	Czy mogę dostać...?
Was soll ich jetzt machen?	Co mam teraz robić?

r. Vorarbeiter – brygadzista
Ich heiße... Ich bin Vorarbeiter von der Firma...
Nazywam się... Jestem brygadzistą z firmy...

eine Aufgabe zuweisen – przydzielić zadanie
Ihm wurden immer die schwersten Aufgaben zugewiesen.
Zawsze przydzielano mu najtrudniejsze zadania.

klarkommen, zurechtkommen – poradzić sobie
Ich komme mit dieser Aufgabe nicht klar.
Nie poradzę sobie z tym zadaniem.

Ich glaube, dass ich zurechtkommen würde.
Myślę, że poradziłbym sobie.

brauchen – potrzebować
Ich brauche deine Hilfe.   Wir brauchen 100 Ziegel.
Potrzebuję twojej pomocy. Potrzebujemy 100 sztuk cegieł.

helfen – pomagać

Kannst du mir mal helfen?
Ich kann es nicht heben.

Możesz mi pomóc?
Nie mogę tego podnieść.

Klar, ich muss nur noch die
Zigarette ausmachen, Moment.

Jasne, muszę tylko zgasić
papierosa, chwila.

bummeln – obijać się, guzdrać się
Er arbeitete immer tüchtig, während alle anderen bummelten.
(On) zawsze solidnie pracował, podczas gdy wszyscy inni się obijali.

schuften – harować
Viele Japaner schuften nicht nur bis spät in die Nacht, sondern auch am
Wochenende und nehmen die allen Urlaubstage nicht in Anspruch.
Wielu Japończyków haruje nie tylko do późna w nocy, ale także w weekend
i nie wykorzystuje wszystkich dni urlopu.

ermahnen – upominać
Er ist ein paar Mal ermahnt worden.
Kilka razy został upomniany.

versetzen – przenieść
Ein Verputzer war auf einen anderen Arbeitsplatz versetzt worden.
Tynkarz został przeniesiony na inne miejsce pracy.

Ich brauche...	Potrzebuję...
Bring(e) mir...	Przynieś mi...
Gib mir...	Podaj mi...
Ich suche...	Szukam...
Ich bin von ... bis ... im Urlaub.	Mam urlop od ... do ...
Ich verstehe nicht. Ich spreche nicht gut Deutsch. Wiederholen Sie bitte.	Nie rozumiem. Mówię słabo po niemiecku. Proszę powtórzyć.

e. Baustelle – plac budowy
Halten Sie Ordnung auf der Baustelle! Lassen Sie Bauschutt und Abfälle möglichst schnell entfernen.
Na budowie utrzymywać porządek! Gruz i odpady usuwać jak najszybciej.

e. Bauarbeiten – roboty budowlane

Betonarbeiten roboty betonowe	Bohrpfahlarbeiten roboty palowe	Ausbauarbeiten roboty wykończeniowe

s. Gebäude – budynek
einstöckiges Gebäude, mehrstöckiges Gebäude
budynek jednopiętrowy, budynek wielopiętrowy

biurowiec	s. Bürohaus
blok mieszkalny	r. Wohnblock
budynek mieszkalny	s. Wohnhaus
budynek zamieszkania zbiorowego, internat	r. Wohnheim
dom	s. Haus
dom bliźniaczy	s. Doppelhaus
dom jednorodzinny	s. Einfamilienhaus
dom jednorodzinny z półpiętrem (zwykle szeregowy)	s. Staffelhaus
dom wielorodzinny	s. Mehrfamilienhaus
drapacz chmur	r. Wolkenkratzer
garaż	e. Garage
mieszkanie	e. Wohnung
parking	r. Parkplatz
szeregowiec	s. Reihenhaus
wysokościowiec, dom wielopiętrowy	s. Hochhaus

r. Abriss, Abbruch – rozbiórka
Das zum Abriss vorgesehene Haus.
Dom przeznaczony do rozbiórki.

r. Rohbau – stan surowy, budynek w stanie surowym
Der Rohbau der neuen Fabrik ist fertiggestellt.
Stan surowy nowej fabryki jest ukończony.

abbrechen, abreißen – zburzyć
Das alte Haus muss abgebrochen werden.
Stary dom musi zostać zburzony.

die Fliesen/den Putz abschlagen – skuć płytki/tynk
Man kann mit einem Hammer den Putz abschlagen und mit einer
Drahtbürste die vorstehenden Teile abkratzen.
Tynk można skuć młotkiem, a szczotką drucianą zdrapać wystające części.

bauen – budować

zubauen	umbauen	ausbauen	anbauen
zabudować	przebudować	rozbudować	dobudować

sanieren, erneuern – remontować, odnawiać
Das Haus wurde vor kurzem saniert.
Dom został niedawno wyremontowany.

einen Graben ausheben – wykopać dół
In dieser Woche müssen wir den Graben für die unterirdischen
Leitungen/Streifenfundamente ausheben.
W tym tygodniu musimy wykopać dół na podziemne przewody/ławy
fundamentowe.

e. Länge	e. Breite	e. Tiefe	e. Höhe
Długość	Szerokość	Głębokość	Wysokość

verschalen – szalować
Streifenfundamente verschalen wir 40 cm breit und 1,2 m tief.
Ławy fundamentowe szalujemy na szerokość 40 cm i na głębokość 1,2 m.

das Fundament gießen – wylać fundament
Ein Bauunternehmen hat schon das Fundament für den Hausbau gegossen.
Przedsiębiorstwo budowlane wylało już fundament pod budowę domu.

e. Bewehrung – zbrojenie
Die Bewehrung der Wände/Rippen/Pfeiler wird nach der Dokumentation
ausgeführt.
Zbrojenie ścian/żeber/słupów będzie wykonane zgodnie z dokumentacją.

verankern – zamocować, zakotwiczyć
Die Pfosten sollen im Boden im Abstand von… verankert werden.
Słupki mają być zakotwiczone w ziemi w odległości…

holen, bringen – przynieść
Hol zwei Eimer Wasser/einen Sack Zement!
Przynieś dwa wiadra wody/worek cementu!

mit Wasser anrühren – rozrobić wodą
Rühren Sie den Zement/den Kalk/die Farbe/den Klebstoff mit Wasser an.
Proszę rozrobić wodą cement/wapno/farbę/klej.

Mörtel mischen – mieszać zaprawę
Erst mal einen halben Eimer Mörtel im richtigen Verhältnis mischen.
Najpierw wymieszać pół wiadra zaprawy w odpowiednich proporcjach.

vermischen – wymieszać
Zement, Kalk und Sand im Verhältnis 1:1:3 vermischen.
Cement, wapno i piasek wymieszać w proporcji 1:1:3.

hinzufügen – dodać
Wasser nach und nach hinzufügen bis zur gewünschten Konsistenz.
Stopniowo dodawać wodę aż do uzyskania wymaganej konsystencji.

den Zement abbinden – związać cement
Zu wenig Wasser läßt den Zement nicht richtig abbinden.
Zbyt mała ilość wody nie pozwala związać dobrze cementu.

randvoll füllen – napełnić po brzegi
Fülle den Eimer randvoll mit Wasser.
Napełnij wiadro wodą po brzegi.

abgleichen – wyrównać, wyrównywać
Gleichen Sie den Beton ab.
Proszę wyrównać beton.

aushärten lassen – pozostawić do utwardzenia
Lassen Sie den Beton 3 bis 4 Stunden aushärten.
Proszę pozostawić beton do utwardzenia przez 3 do 4 godzin.

ausgehärtet – utwardzony
Sobald der Beton ausgehärtet ist, kann man die Oberfläche glatt schleifen.
Jak tylko beton będzie utwardzony, można wygładzać powierzchnię.

Dachziegel legen – kłaść dachówki
Der Zimmermann legt die Ziegel auf die Dachflächen.
Cieśla kładzie cegły na powierzchni dachu.

mauern – murować
Eine Reihe aus Ziegelsteine ist schon gemauert.
Jeden rząd z cegieł jest już wymurowany.

das Parkett/Laminat verlegen – kłaść, położyć parkiet/laminat
Ich wollte das Parkett auf der Fußbodenheizung verlegen.
Chciałem położyć parkiet na ogrzewaniu podłogowym.

eine Mauer bauen – zbudować mur
Wie hoch soll ich eine Mauer bauen?
Na jaką wysokość mam zbudować mur?

abgehängte Decke – obniżony, podwieszany sufit
Alle Leitungen können in die abgehängte Decke eingebaut werden.
Wszystkie przewody mogą być wbudowane w suficie podwieszanym.

einsetzen – wstawiać, wstawić
Sollen wir ein Fenster in das Dach einsetzen?
Czy mamy wstawić okno w dachu?

(aus)messen – zmierzyć

Messen Sie die Länge, Breite und die Höhe des Raumes. Proszę zmierzyć długość, szerokość i wysokość pomieszczenia.	Das Raum ist fünf Meter lang, vier Meter breit und drei Meter hoch. Pomieszczenie ma pięć metrów wzdłuż, cztery metry wszerz i trzy metry na wysokość.

abfallen – odpadać
Die Wand ist feucht und der Putz fällt ab.
Ściana jest wilgotna i tynk odpada.

entfernen – usunąć
Zunächst muss man die losen Teile von der Oberfläche entfernen.
Najpierw trzeba usunąć z powierzchni luźne części.

r. Untergrund – podłoże
Der Untergrund muss sauber, trocken und fettfrei sein.
Podłoże musi być czyste, suche i wolne od tłuszczu.

abdecken – pokryć
Decken Sie den Fußboden mit Folie ab.
Proszę pokryć podłogę folią.

streichen, bemalen – malować
Achtung, frisch gestrichen!
Uwaga, świeżo malowane!

e. Farbe – farba, kolor
Welche Farbe sollen die Fugen/die Leisten/die Fliesen haben?
W jakim kolorze mają być fugi/listwy/płytki?

**in dunklen/hellen Farben streichen –
malować w ciemnych/jasnych barwach**
Die Türen sollen weiß gestrichen werden.
Drzwi mają być pomalowane na biało.

überziehen mit etwas – pokryć, powlec czymś

mit Farbe überziehen pokryć farbą	mit Lack überziehen pokryć lakierem

r. Anstrich, e. Schicht – powłoka, warstwa farby
Der zweite Anstrich fehlt noch. Das machen wir morgen.
Brak jeszcze drugiej warstwy farby. To zrobimy jutro.

e. Farbmischung – mieszanie barw
Bei der Farbmischung kann jede Farbe aus den drei Grundfarben rot, grün
und blau entstehen.
Przy mieszaniu farb każdy kolor może powstać z trzech barw podstawowych
czerwonej, zielonej i niebieskiej.

mit Wasser verdünnen – rozcieńczyć wodą
Acrylfarben kann man mit Wasser verdünnen im Gegensatz zu Ölfarben.
Farby akrylowe można rozcieńczać wodą w przeciwieństwie do farb olejnych.

die Farbe dick/dünn auftragen – nanieść grubo/cienko farbę
Die Farbe dünn und bei Bedarf in mehreren Schichten auftragen.
Farbę nakładać cienko, w razie potrzeby po kilka warstw.

Lack auftragen, lackieren – nałożyć lakier, lakierować
Die Fenster- und Türrahmen zuerst abschleifen und dann lackieren.
Ramy okien i drzwi najpierw oszlifować, a potem polakierować.

trocken – suchy
Die Wände sind noch nicht trocken.
Ściany nie są jeszcze suche.

trocknen – suszyć, schnąć
Diese Farbe trocknet schnell.
Ta farba szybko schnie.

trocknen lassen – pozostawić do osuszenia
Die Wand soll man über Nacht trocknen lassen.
Ścianę trzeba pozostawić przez noc do osuszenia.

nass, feucht – mokry, wilgotny
Es muss soviel Wasser zugegeben werden, dass der Mörtel weder zu feucht noch zu trocken ist.
Trzeba dodać tyle wody, żeby zaprawa nie była ani za mokra, ani za sucha.

Farbspritzer entfernen – usunąć plamy farby
Zum Schluß muss man Farbspritzer am Fenster entfernen.
Na koniec trzeba usunąć plamy farby przy oknie.

abwaschbar – zmywalny
Ist die Farbe abwaschbar?
Czy ta farba jest zmywalna?

wasserfest – niezmywalny
Wie kann ich die wasserfeste Farbe von Laminat entfernen?
Jak mogę usunąć z laminatu niezmywalną farbę?

abblättern – złuszczać się
Die Farbe blättert ab.
Farba łuszczy się (odchodzi od ściany).

ein Loch spachteln – zaszpachlować dziurę
Vor dem Tapezieren muss man alle Löcher und Risse in den Wänden spachteln.
Przed tapetowaniem trzeba zaszpachlować wszystkie dziury i rysy w ścianach.

(aus)füllen – napełnić, wypełnić

Womit soll ich die Fugen ausfüllen? Czym mam wypełnić fugi?	Fülle die Fugen mit Mörtel aus. Fugi wypełnij zaprawą.

ein Loch bohren – wywiercić otwór
An der markierten Stelle ein Loch bohren und Dübel einsetzen.
W zaznaczonym miejscu wywiercić dziurę i wstawić kołek.

r. Abstand – odstęp
In welcher Höhe und in welchem Abstand sollen die Regalbretter montiert werden?
Na jakiej wysokości i w jakiej odległości mają być zamontowane półki?

innen/außen – wewnątrz/na zewnątrz
Die Firma streicht das Haus nur innen.
Firma maluje dom tylko wewnątrz.

zügig – płynnie, bez zakłóceń
Die Bauarbeiten schreiten zügig vor.
Prace budowlane postępują bez zakłóceń.

umbauen – przebudować
Die Küche muss man zu einem Zimmer umbauen.
Kuchnię trzeba przebudować na pokój.

r. Flügel – skrzydło
der linke/rechte Flügel des Gebäudes
lewa/prawa strona budynku

putzen, verputzen – tynkować
Die Wände sind frisch verputzt.
Ściany są świeżo otynkowane.

glätten – (wy)gładzić
Den Mörtel auf den Boden ca. 3,5 cm dick verteilen und leicht glätten.
Zaprawę rozprowadzić na gruncie o grubości ok. 3,5 cm i lekko wygładzić.

vergipsen – zalepić gipsem, zagipsować
Alle Risse in der Wand müssen vergipst werden.
Wszystkie pęknięcia w ścianie muszą być zalepione gipsem.

spachteln – szpachlować
Wir spachteln heute die Wände, damit wir am nächsten Wochenende mit
dem Streichen beginnen können.
Dzisiaj szpachlujemy ściany, żeby w przyszły weekend zacząć z
malowaniem.

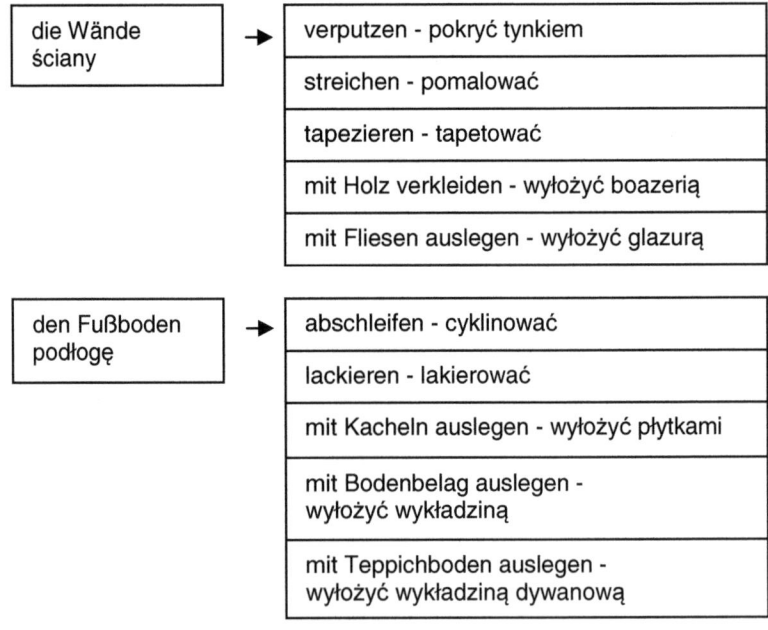

die Wände ściany	→	verputzen - pokryć tynkiem
		streichen - pomalować
		tapezieren - tapetować
		mit Holz verkleiden - wyłożyć boazerią
		mit Fliesen auslegen - wyłożyć glazurą

den Fußboden podłogę	→	abschleifen - cyklinować
		lackieren - lakierować
		mit Kacheln auslegen - wyłożyć płytkami
		mit Bodenbelag auslegen - wyłożyć wykładziną
		mit Teppichboden auslegen - wyłożyć wykładziną dywanową

die Vertäfelung legen – układać boazerię
Wird die die Vertäfelung direkt an die Wand mit Dübeln/Kleber gelegt?
Czy boazeria będzie układana bezpośrednio na ścianie za pomocą wkrętów/kleju?

Wie soll ich die Wandtäfelung/Fliesen legen?
Jak mam układać boazerię/płytki?

waagerecht poziomo	schräg im 45 Grad Winkel ukośnie pod kątem 45 stopni	senkrecht pionowo

Fliesen auslegen, fliesen – układać, ułożyć płytki
Die Wände im Bad sollen in weiß gefliest werden.
Ściany w łazience mają być wyłożone białymi płytkami.

die Gipsplatten montieren – montować płyty gipsowe
Die Rigipsplatten sind montiert und die Löcher für die Beleuchtung sind gebohrt.
Płyty gipsowe są zamontowane, a otwory na oświetlenie wywiercone.

eine Trennwand aufstellen – postawić ściankę działową
An welcher Stelle soll die Trennwand aufgestellt werden?
W którym miejscu postawić ściankę działową?

vom Fußboden bis zur Decke od podłogi do sufitu	bis auf bestimmte Höhe do pewnej wysokości

zumauern – zamurować
Dieses Fenster muss zugemauert werden.
To okno musi zostać zamurowane.

e. Wärmedämmung – izolacja cieplna
Es ist notwendig vor der Verputzung eine Wärmedämmung zu machen.
Przed tynkowaniem konieczna jest izolacja cieplna.

isolieren – izolować, ocieplać
Wird die Wand mit Mineralwolle/mit Styropor isoliert?
Czy ściana będzie ocieplona wełną mineralną/styropianem?

e. Decke – sufit
Man muss die Hängedecke um 10 Zentimeter herablassen/erhöhen.
Trzeba obniżyć/podwyższyć strop podwieszany o 10 centymetrów.

(ab)schleifen – (o)szlifować
Die erste Schicht Lack muss geschliffen werden.
Trzeba zeszlifować pierwszą warstwę lakieru.

glatt – gładki, wygładzony
Die Oberfläche ist glatt geschliffen.
Powierzchnia jest gładko oszlifowana.

verwenden – użyć, zastosować
Welchen Lack soll ich verwenden?
Jaki rodzaj lakieru mam zastosować?

s. Material – materiał, surowiec
Aus welchem Material sollen die Fensterbänke sein?
Z jakiego materiału mają być parapety?

abdichten – uszczelnić, zabezpieczyć

das Dach gegen Regen abdichten zabezpieczyć dach przed deszczem	die Fenster mit Kitt abdichten uszczelnić okna kitem	Kellerwände abdichten ocieplić ściany piwnicy	Fugen im Mauerwerk abdichten uszczelnić szczeliny w murze

abschließen – skończyć
Das Malern der Wände ist schon abgeschlossen.
Malowanie ścian jest już skończone.

ein Loch schlagen – wybić otwór w ścianie
Schlage ein Loch in die Wand mit fünf Zentimeter Durchmesser.
Wybij otwór w ścianie o średnicy pięciu centymetrów.

e. Leiter – drabina
Kannst du mir bitte die Leiter halten?
Możesz potrzymać mi drabinę?

den Nagel einschlagen (mit dem Hammer) – wbić gwóźdź (młotkiem)
Schlage den Nagel in die Wand/ins Brett ein.
Wbij gwóźdź w ścianę/w deskę.

den Nagel herausziehen (mit der Zange) –
wyciągnąć gwóźdź (obcęgami)
Vor dem Auszug musst du alle Nägel aus der Wand herausziehen.
Przed wyprowadzką musisz wyciągnąć ze ściany wszystkie gwoździe.

mit einem Nagel befestigen – przymocować gwoździem
Die Fußleisten können mit Nägeln befestigt werden.
Listwy przypodłogowe mogą być przymocowane gwoździem.

markieren – zaznaczyć
Markieren Sie die Punkte, in denen die Pfeile eingeschlagen werden.
Proszę zaznaczyć punkty, w których będą wbite słupy.

vorbereiten – przygotować
Die Grundelemente sind schon für die Montage vorbereitet.
Główne elementy są już przygotowane do montażu.

montieren – montować

die Heizkörper kaloryfery	die Türe/die Fenster drzwi/okna	die Lampe lampy
die Schränke szafki	die Arbeitsplatte blat kuchenny	das Spülbecken zlew

waschen, reinigen – umyć, czyścić
Wasch es gründlich!
Umyj to dokładnie!

aufräumen – posprzątać
Bevor ihr für heute Feierabend macht, räumt ihr die Baustelle auf.
Zanim skończycie pracę na dziś, posprzątajcie plac budowy.

r. Schutt – gruz
Räume den Schutt und anderen Müll.
Posprzątaj gruz i inne śmieci.

r. Schuttabladeplatz – składowisko gruzu
Bringen Sie den Schutt zum Schuttabladeplatz.
Gruz proszę zawieść na składowisko.

eine Straßendecke erneuern – pokryć ulicę nową nawierzchnią
Die Straßendecke muss stellenweise erneuert werden, um eine
Verkehrssicherheit zu gewährleisten.
Ulica musi być miejscami pokryta nową nawierzchnią, żeby zapewnić
bezpieczeństwo ruchu.

s. Gerüst – rusztowanie
Gerüste sind auf der Baustelle unumgänglich. Sie müssen sowohl den
Verwendungszweck, als auch die Arbeitssicherung gewährleisten.
Rusztowania na budowie są niezbędne. Muszą zapewnić zarówno cel
zastosowania, jak i bezpieczeństwo pracy.

e. Höhe – wysokość
Die Produkte erfüllen die Anforderungen der EU-Richtlinie für Arbeiten in der
Höhe.
Produkty spełniają wymagania dyrektywy UE dla prac na wysokości.

aufpassen – uważać
Pass auf, dass du nicht herunterfällst!
Uważaj, żebyś nie spadł!

den Kran/den Bagger steuern – sterować dźwigiem/koparką
Der Kran wird mit zwei Hebeln gesteuert, die in der Fahrerkabine montiert
sind.
Dźwig sterowany jest dwoma drążkami, które zamontowane są w kabinie
kierowcy.

zulässige Belastung – dopuszczalne obciążenie
Die maximal zulässige Belastung darf nicht überschritten werden.
Maksymalne dopuszczalne obciążenie nie może zostać przekroczone.

warten – czekać, konserwować
Ich warte auf den Leiter   Die Maschine soll man regelmäßig warten.
Czekam na kierownika.   Maszynę powinno się regularnie konserwować.

verschlissen – zniszczony
Meine Handschuhe sind schon verschlissen.
Moje rękawice są już zniszczone.

s. Werkzeug – narzędzie
Der Pinsel ist das wichtigste Werkzeug des Malers.
Pędzel to najważniejsze narzędzie malarza.

SKRZYNKA Z NARZĘDZIAMI | WERKZEUGKASTEN

Narzędzia murarskie
- e. Kelle - kielnia
- e. Fugenkelle - kielnia do spoin
- s. Biegeeisen - klucz do gięcia zbrojenia
- e. Schaufel - łopata
- r. Maurerhammer - młotek murarski
- e. Handeisenschere- nożyce ręczne do stali
- e. Monierzange - obcęgi do wiązania zbrojenia
- r. Maurerbleistift - ołówek murarski
- r. Schlegel - pobijak, młotek drewniany
- e. Traufel - paca
- s. Reibebrett - packa tynkarska
- e. Steinsäge - piła do cegieł
- s. Lot - pion
- e. Wasserwaage - poziomica
- r. Mörtelkübel - skrzynia z zaprawą
- s. Wurfsieb - sito murarskie, rafa
- e. Schubkarre - taczka
- r. Betonstampfer - ubijak do betonu

Narzędzia malarskie
- e. Leiter - drabina
- e. Abdeckfolie - folia pokrywająca
- r. Schleifklotz - klocek ścierny
- e. Farbwanne - korytko na farbę
- s. Abstreichgitter- kratka do farby
- r. Rührer - mieszadło
- r. Mischer - mieszalnik
- s. Schleifpapier - papier ścierny
- r. Pinsel - pędzel
- e. Spritzpistole - pistolet natryskowy
- r. Spachtel - szpachla
- s. Klebeband - taśma samoprzylepna
- r. Farbroller - wałek do farby
- r. Eimer - wiadro

....

- e. Farbe - farba
- s. Verdünnungsmittel - rozcieńczalnik
- s. Lösungsmittel - rozpuszczalnik
- e. Spachtelmasse - szpachlówka

Narzędzia ciesielskie
- s. Stammeisen - dłuto gniazdowe, dziubak
- e. Stoßaxt - cieślica
- r. Schmiedenagel - ćwiek
- r. Drahtnagel - gwóźdź druciak
- r. Anreißwinkel - kątownik
- e. Gehrungswinkel - kątownik do ukosów
- r. Eisenwinkel - kątownik metalowy
- e. Gehrungsschmiege - kątownik nastawny
- e. Klammer - klamra
- r. Holznagel - kołek drewniany
- r. Zollstock - metrówka
- r. Zimmermannshammer - młotek ciesielski
- r. Zimmermannsbleistift - ołówek ciesielski
- s. Schnitzmesser - ośnik
- e. Lochsäge - otwornica
- e. Handsäge - piła ręczna
- e. Bundsäge - piła ręczna dwuchwytowa
- e. Fuchsschwanzsäge - płatnica
- s. Klopfholz - pobijak
- e. Axt - siekiera
- r. Hobel - strug, hebel
- e. Schraub(en)zwinge - ściski
- r. Schraubenbolzen - śruba złączna
- r. Stangenbohrer - świder ciesielski
- s. Handbeil - topór ciesielski

- r. Nagel - gwóźdź
- r. Haken - hak
- r. Winkel - kątownik
- r. Stift, Dübel - kołek, trzpień
- e. Kombizange - kombinerki
- r. Hammer - młotek
- e. Mutter - nakrętka
- s. Niet - nit
- e. Schere - nożyce
- e. Zange - obcęgi
- e. Schraube - śruba
- r. Schraubendreher - śrubokręt
- e. Scheibe - tarcza
- s. Bandmaß - taśma miernicza
- r. Bohrer - wiertło
- r. Splint - zawleczka
- e. Muffe - złączka

53

e. Schleifmaschine	- cykliniarka
e. Fräsmaschine	- frezarka
e. Biegemaschine	- giętarka
r. Rohrbieger	- giętarka ręczna do rur
r. Gewinderschneider	- gwintownica
r. Elektrohammer	- młot elektryczny
r. Drucklufthammer	- młot pneumatyczny
e. Nietmaschine	- nitownica
e. Sägemaschine	- pilarka
e. Schleifmaschine	- szlifierka
e. Winkelschleifer	- szlifierka kątowa
r. Schwingschleifer	- szlifierka oscylacyjna
s. Schleifgerät	- ściernica
e. Putzmaschine	- tynkownica
e. Schraubmaschine	- wkrętarka
e. Bohrmaschine	- wiertarka
e. Schlagbohrmaschine	- wiertarka udarowa

e. Anweisung – polecenie
Befolge die Anweisungen in der Bedienungsanleitung.
Zastosuj się do poleceń w instrukcji obsługi.

eine Anweisung bekommen – dostać polecenie
Wir haben die Anweisung bekommen Vorarbeiten für das Verputzen am Wochenende durchzuführen.
Dostaliśmy polecenie przeprowadzić w weekend prace przygotowawcze do tynkowania.

anordnen – zarządzić, nakazać
Der Leiter hat eine Pause angeordnet.
Kierownik zarządził przerwę.

e. Installation – instalacja

e. Frisch- und Abwasserleitung instalacja wodno-kanalizacyjna	e. Elektrische Installation instalacja elektryczna
e. Wasserversorgungsinstallation instalacja wodociągowa	e. Gasinstallation Instalacja gazowa

INSTALACJA ELEKTRYCZNA | ELEKTRISCHE INSTALATION

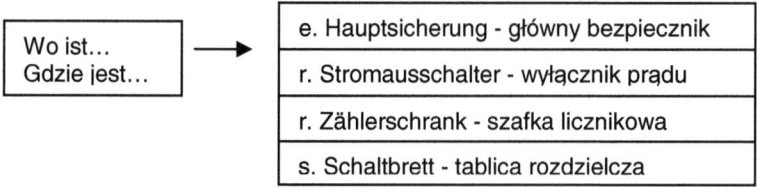

e. Hauptsicherung - główny bezpiecznik
r. Stromausschalter - wyłącznik prądu
r. Zählerschrank - szafka licznikowa
s. Schaltbrett - tablica rozdzielcza

Die Sicherung ist durchgebrannt.
Ten bezpiecznik jest spalony.

Der Heimfernsprecher funktioniert nicht.
Domofona nie działa.

Wie hoch ist die Spannung im Netz?
Jakie jest napięcie w sieci?

Schalten Sie bitte alle Geräte aus.
Proszę wyłączyć wszystkie urządzenia.

Ich muss für eine Weile Strom ausschalten.
Muszę na chwilę wyłączyć prąd.

Wie lange bleibt der Strom aus?
Jak długo nie będzie prądu?

Der Schalter/die Leitung ist kaputt.
Wyłącznik/przewód jest uszkodzony.

Die Sicherung/die Steckdose muss ausgewechselt werden.
Bezpiecznik/gniazdko jest do wymiany.

Irgendwo ist Kurzschluss und die Sicherung schlägt aus.
Gdzieś jest zwarcie i wybija bezpieczniki.

Tauschen Sie bitte diese Glühbirnen gegen Energiesparende/Halogen.
Proszę wymienić te żarówki na energooszczędne/halogenowe.

Wie viele Lampen sind in diesem Zimmer vorgesehen?
Ile lamp ma być w tym pokoju?

Die Verlegung der Kabel für die Elektroinstallation ist fertig.
Rozłożenie kabli na instalację elektryczną jest ukończone.

Wollen Sie die ganze Installation/einen Teil der Installation/manche
Leitungen auswechseln?
Czy chce Pan/i wymienić całą instalację/część instalacji/niektóre przewody?

Hier kann man die elektrische Leitung nicht führen.
Tędy nie można przeprowadzić przewodu elektrycznego.

Die Steckdose/die Leitung kann sich hier nicht befinden.
Gniazdko/przewód nie może znajdować się w tym miejscu.

wegen der Sicherheitsvorschriften
ze względu na przepisy bezpieczeństwa

wegen des schwierigen Zugangs
ze względu na trudny dostęp

aus ästhetischen Gründen
ze względów estetycznych

Achtung! Unter Spannung!
Uwaga! Pod napięciem!

Bitte installieren Sie...   Wo soll ich installieren?
Proszę zainstalować...   Gdzie mam zainstalować?

den Heimfernsprecher domofon	die Türklingel dzwonek do drzwi	die Lampe lampę	die Steckdose gniazdko

Gniazdko - Steckdose *f*
Gniazdko ze stykiem ochronnym - Steckdose mit dem Erdungsbolzen
Gniazdko podtynkowe - Unterputzsteckdose *f*
Gniazdko natynkowe - Überputzsteckdose *f*
Gniazdko pojedyncze - einfache Steckdose
Gniazdko podwójne - doppelte Steckdose

Lampa - Lampe *f*
Lampa metalohalogenkowa - Halogenmetalldampflampe *f*
Lampa sodowa - Natriumdampflampe *f*
Licznik energii elektrycznej - Stromzähler *m*
Miernik napięcia - Spannungsmesser *m*
Napięcie - Hochspannung *f*
Nożyce do cięcia kabla - Kabelschere *f*
Oprawa do żarówki - Die Fassung für Glühlampe
Oświetlenie - Beleuchtung *f*
Prąd - Strom *m*
Prąd przemienny - Wechselstrom *m*
Prąd stały - Gleichstrom *m*
Próbnik fazy - Phasenprüfer *m*
Próbnik napięcia - Spannungsprüfer *m*
Przedłużacz - Verlängerungsschnur *f*
Przedłużacz z gniazdem poczwórnym - Vierfachsteckdose *f*
Przewód - Leitung *f*
Przewód dwużyłowy - Zweileiterkabel *n*
Przewód trójżyłowy - Dreileiterkabel *n*
Przewód wielożyłowy - Mehrleiterkabel *n*
Sieć elektryczna - Stromnetz *n*
Szczypce do cięcia drutu - Seitenschneider *m*
Śruba - Schraube *f*
Śrubokręt - elektriker Schraubendreher
Śrubokręt krzyżakowy - Kreuzschlitzschraubendreher *m*
Śrubokręt płaski - Schlitzschraubendreher *m*
Świetlówka - Leuchtstofflampe *f*
Taśma izolacyjna - Isolierband *n*
Uziemienie - Erdung *f*
Układ trójfazowy - Dreiphasenwechselstrom *m*
Wyłącznik krzyżowy - Kreuzschaltung *f*
Wysokie napięcie - Hochspannung *f*
Zwarcie - Kurzschluss *m*
Żarówka - Glühbirne *f*, Glühlampe *f*
Żarówka energooszczędna - energiesparende Glimmlampe *f*
Żarówka halogenowa - Halogen(glüh)lampe *f*
Żarówka mleczna - Opallampe *f*

INSTALACJA WODNO-KANALIZACYJNA |
FRISCH- UND ABWASSERLEITUNG

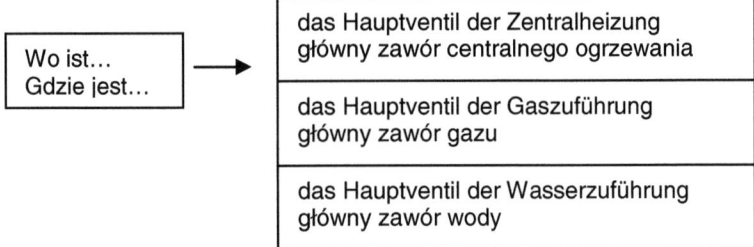

Wo ist... Gdzie jest... →	das Hauptventil der Zentralheizung główny zawór centralnego ogrzewania
	das Hauptventil der Gaszuführung główny zawór gazu
	das Hauptventil der Wasserzuführung główny zawór wody

Der Wasserabfluss ist verstopft.
Zatkany jest dopływ do kanalizacji.

Machen Sie den Klosetabfluss/Duschabfluss/Waschbeckenabfluss/
Badewanneabfluss/Spülbecken durchlässig.
Proszę udrożnić odpływ wody z muszli klozetowej/prysznica/umywalki/
wanny/zlewozmywaka.

Gleich mache ich ihn frei.
Zaraz go udrożnię.

Ich muss die ganze Kanalisation durchlässig machen.
Muszę udrożnić całą kanalizację.

Die Batterie in Spülbecken ist kaputt.
Bateria w zlewozmywaku jest uszkodzona.

Man muss eine neue kaufen.
Trzeba kupić nową.

Man muss die ganze Batterie/den Batteriekopf auswechseln.
Trzeba wymienić całą baterię/głowicę zaworu.

Der Wasserkessel der Zentralheizung/Wassererwärmung ist kaputt.
Zepsuty jest kocioł centralnego ogrzewania/ciepłej wody.

Ich benötige...Potrzebuję...

Ich muss Wasser sperren.
Muszę wyłączyć dopływ wody.

Bateria umywalkowa - Waschbeckenbatterie *f*
Bateria wannowa - Wannenbaterie *f*
Bateria zlewozmywakowa - Spülbeckenbaterie *f*
Bidet - Bidet *n*
Bojler - Boiler *m*
Centralne ogrzewanie - Zentralheizung *f*
Dopływ gazu - Gaszuleitung *f*
Dopływ oleju - Ölzuleitung *f*
Dopływ wody - Wasserzuleitung *f*
Doprowadzenie prądu - Stromzuleitung *f*
Kaloryfer - Heizkörper *m*
Kanalizacja - Kanalisation *f*
Klucz do rur - Rohrzange *f*
Kocioł - Kessel *m*
Kolanko - Rohrbogen *m*
Kotłownia - Heizraum *m*
Kurek - Wasserhahn *m*
Mufka - Muffe *f*
Muszla klozetowa - Klobecken *n*
Odpływ - Abfluss *m*
Ogrzewanie elektryczne - Elektroheizung *f*
Ogrzewanie gazowe - Gasheizung *f*
Ogrzewanie na bio-paliwo - Biogasheizung *f*
Ogrzewanie olejowe - Ölheizung *f*
Ogrzewanie na węgiel - Kohlenheizung *f*
Olej opałowy - Heizöl *n*
Piec CO - Ofen *m*
Pralka - Waschmaschine *f*
Prysznic - Dusche *f*
Przyłącze gazowe - Gasanschluss *m*
Rura miedziana - Kupferrohr *n*
Rura ocynkowana - verzinktes Rohr
Rura odpływowa - Abflussrohr *n*
Rura plastikowa - Plasikrohr *n*
Rura zasilająca - Zuführungsrohr *n*
Rura żeliwna - gusseisernes Rohr
Syfon - Siphon *m*
Termostat - Thermostat *m*
Trójnik - T-Stück *n*

Ubikacja - Toilette *f*
Umywalka - Waschbecken *n*
Uszczelka - Dichtung *f*
Wanna - Badewanne *f*
Wymiennik ciepła - Wärmeaustauscher *m*
Zawór - Ventil *n*
Zbiornik oleju - Ölbehälter *m*
Zestaw uszczelek - Dichtungsset *n*
Zlewozmywak - Spülbecken *n*
Zmywarka - Spülmaschine *f*

aufladen - załadować
abladen - rozładować
tragen - nosić
bringen - przynieść
heben - podnieść
senken - obniżyć
verschieben - przesunąć
nach vorne / nach hinten
do przodu / do tyłu

abbauen   - (z)demontować
demontieren - demontować
lösen, aufschreiben - odkręcić
sägen   - piłować
(ab)schneiden - (od)ciąć
(aus)ziehen   - (wy)ciągnąć
legen   - kłaść, położyć
abstellen   - odstawić
stützen   - podeprzeć
reinigen   - (o)czyścić
schleifen   - szlifować
austauschen - wymienić
wechseln   - zmienić

bedienen - obsługiwać
drücken - nacisnąć
einschalten - włączyć
ausschalten - wyłączyć
einstellen - ustawić
steigern - zwiększyć
verringern - zmniejszyć
drehen - przekręcić
nach rechts / nach links
w prawo / w lewo

aufbauen   - zmontować
montieren   - montować
vorbereiten - przygotować
bohren   - wiercić
einsetzen   - wstawić
benutzen   - użyć
eindrehen   - wkręcić
verbinden   - połączyć
befestigen - zamocować
festschrauben - przykręcić
kleben   - (s)kleić

60

Bescheid geben – dać znać
Gib mir Bescheid, wenn du mit der Arbeit fertig bist.
Daj mi znać, jeśli skończysz pracę.

fertig sein – skończyć, uporać się
Ich bin beinahe fertig.   Werden wir rechtzeitlich fertig?
Prawie skończyłem.   Skończymy na czas?

schaffen – dać radę
Bis Donnerstag ist das nicht zu schaffen.
Do czwartku nie da się tego zrobić.

Bis morgen müssen die
Gipsplatten montiert sein,
ist das klar?

Do jutra płyty gipsowe
muszą być zamontowane,
czy to jasne?

Tut mir leid, zu zweit schaffen wir das
nicht. Wir brauchen noch eine Person.

Niestety, we dwóch nie damy rady.
Potrzebujemy jeszcze jedną osobę.

nicht auf der Arbeit sein – być nieobecnym w pracy
Er ist heute nicht auf der Arbeit.
Nie ma go dzisiaj w pracy.

länger auf der Arbeit bleiben – zostać dłużej w pracy
Wir müssen heute länger auf der Arbeit bleiben, um rechtzeitig fertig zu
werden.
Musimy dzisiaj zostać dłużej w pracy, żeby skończyć na czas.

ganze/gründliche Arbeit leisten – wykonać całą pracę/solidną robotę
Wir haben ganze Arbeit innerhalb von zwei Wochen geleistet.
Całą pracę wykonaliśmy w ciągu dwóch tygodni.

ausführen – wykonać
Welche Arbeiten sind noch auszuführen?
Jakie prace są jeszcze do wykonania?

Renovierung	Reparatur	Umbau	Montage/Demontage
Renowacja	Remont, naprawa	Przebudowa	Montaż/Demontaż

e. Arbeitsschritte – etapy pracy
Der Bauleiter erklärt die einzelnen Arbeitsschritte.
Kierownik budowy objaśnia poszczególne etapy prac.

r. Stand der Arbeiten – stan prac
Der Bauleiter spricht mit den Arbeitern über den Stand der Arbeit, also
darüber, was schon gemacht worden ist.
Kierownik budowy rozmawia z pracownikami o stanie prac, a więc o tym, co
już zostało zrobione.

dauern – trwać
Wie lange werden die Arbeiten voraussichtlich dauern?
Jak długo przypuszczalnie będą trwać prace?

schätzen – oceniać, przypuszczać
Ich schätze, dass wir bald fertig sein werden.
Przypuszczam, że wkrótce skończymy.

prüfen – sprawdzić
Vor der ersten Benutzung ist das Gerüst auf Sicherheit zu prüfen.
Przed pierwszym użyciem rusztowanie należy sprawdzić pod kątem
bezpieczeństwa.

e. Mängel – wady, braki
Es wurden offene/schwerwiegende/versteckte Mängel festgestellt.
Zostały stwierdzone widoczne/poważne/ukryte wady.

einen Mangel beseitigen – usunąć wadę
Der Verkäufer muss den Mangel am Produkt beseitigen, entweder durch
Umtausch oder durch Reparatur.
Sprzedawca musi usunąć wadę produktu, albo przez wymianę, albo przez
naprawę.

über kleine Mängel hinwegsehen – przymknąć oczy na małe braki
Alles in allem ein angenehmer Urlaub, wenn man über kleine Mängel
hinwegsieht!
Ogólnie rzecz biorąc przyjemny urlop, jeśli przymknie się oczy na małe braki!

verbessern – poprawić, skorygować
Bemühe dich die Fehler zu verbessern, ohne abzuwarten, bis die anderen
dich darauf aufmerksam machen.
Postaraj się poprawić wady, nie czekając, aż inni zwrócą ci na nie uwagę.

erlauben – pozwalać
Wenn es die Zeit erlaubt, fangen wir heute an zu verputzen.
Jeśli czas pozwoli, zaczniemy dzisiaj tynkowanie.

erledigen – załatwić
Ich habe noch etwas zu erledigen.
Mam jeszcze coś do załatwienia.

Ich muss - muszę
Ich musste - musiałem
Kann ich - czy mogę
Darf ich - czy mogę, czy mam pozwolenie
Ich möchte - chciałbym
Ich will - chcę
Ich wollte - chciałem
Soll ich czy mam, powinienem

öffnen – otwierać
Wie lange ist das Büro geöffnet?
Jak długo otwarte jest biuro?

hinausgehen - wyjść
ins Büro gehen - iść do biura
faxen, kopieren, ausdrucken - przesłać faks, skopiować, wydrukować
einen Brief schicken - wysłać list
anrufen - zadzwonić
den Anruf engegennehmen - odebrać telefon
eine Zigarettenpause machen - zrobić przerwę na papierosa
zurück an die Arbeit - wracać do pracy
einen freien Tag nehmen - wziąć wolny dzień

schließen – zamykać
Das Geschäft ist schon geschlossen.
Sklep jest już zamknięty.

aufhören – skończyć, przestać
Ich hörte heute mit der Arbeit eine Stunde früher als sonst auf.
Dzisiaj skończyłem pracę godzinę wcześniej niż zazwyczaj.

r. Stillstand – przestój, zatrzymanie
Größere Störungen können zu einem Stillstand der gesamten Produktion führen.
Większe zakłócenia mogą prowadzić do zatrzymania całej produkcji.

Mangel an Arbeitskräften – brak siły roboczej
Wir haben Mangel an qualifizierten Mitarbeitern.
Brakuje nam wykwalifikowanych pracowników.

fehlen – brakować
Es fehlt an Werkzeugen/Materiallien/Ziegel/6 Meter Fußbodenleisten.
Brakuje narzędzi/materiałów/cegieł/6 metrów listew przypodłogowych.

einstellen – wstrzymać, zaprzestać; ustawić
Das Projekt ist eingestellt worden.   Die Belegschaft stellte die Arbeit ein.
Projekt został wstrzymany.   Załoga zaprzestała prac.

sich verlängern – przedłużyć się
Das Projekt verlängert sich um eine Woche.
Projekt przedłuży się o tydzień.

bestellen – zamawiać
Die Ware wurde schon bestellt.
Towar został już zamówiony.

kaufen – kupić
Bitte kaufen Sie eine Schutzfolie und einen Selbstklebeband.
Proszę kupić folię zabezpieczającą i taśmę samoprzylepną.

liefern – dostarczyć
Die Materialien müssen möglichst schnell geliefert werden.
Materiały muszą zostać dostarczone jak najszybciej.

e. Sicherheitsmaßnahmen – środki bezpieczeństwa
Vor dem Staatsbesuch wurden strengste Sicherheitsmaßnahmen getroffen.
Przed wizytą państwową zostały podjęte najostrzejsze środki
bezpieczeństwa.

r. Arbeitsschutz – bezpieczeństwo i higiena pracy
Alle Mitarbeiter sind für die rigorose Einhaltung der
Arbeitsschutzmaßnahmen verantwortlich.
Wszyscy pracownicy są odpowiedzialni za rygorystyczne przestrzeganie
środków bezpieczeństwa i higieny pracy.

schützen – chronić
Schutzbrillen schützen die Augen vor schädlichen Einflüssen wie starkem
Licht, Chemikalien, Staub oder Splittern.
Okulary ochronne chronią oczy przed szkodliwymi wpływami jak silne
światło, chemikalia, kurz czy odpryski.

tragen – nosić
Alle Bauarbeiter sollen Schutzkleidung tragen.
Wszyscy pracownicy budowlani powinni nosić ubranie ochronne.

benutzen – używać, użyć
Schadhafte Handschuhe auf keinen Fall benutzen!
W żadnym wypadku nie używać wadliwych rękawic!

e. Schutzausrüstung – wyposażenie ochronne
Ohne eine angemessene Schutzausrüstung dürfen keine Arbeiten durchgeführt werden.
Bez odpowiedniego wyposażenia ochronnego prace nie mogą być przeprowadzane.

die Schutzschuhe	buty ochronne
die Schutzkleidung	ubranie ochronne
die (Schutz)hose	spodnie (ochronne)
die (Schutz)jacke	kurtka (ochronna)
die Warnweste	kamizelka ostrzegawcza
die Schutzbrille	okulary ochronne
die Schutzhandschuhe	rękawice ochronne
der Gehörschutz	ochraniacze na uszy
der Helm	kask

e. Splitter – odpryski
Splitter, die sich mit dem Staubsauger nicht entfernen lassen, kann man mit einem Pinsel entfernen.
Odpryski, które nie dają się usunąć odkurzaczem, można usunąć pędzlem.

e. Verstaubung – zapylenie, zakurzenie
Wenn das Gehäuse verstaubt ist, benutzen Sie ein weiches, trockenes Tuch zum Reinigen.
Jeśli obudowa jest zakurzona, do oczyszczenia użyj miękkiej, suchej ściereczki.

e. Dämpfe – opary
Farben und Lacke enthalten organische Lösungsmittel, deren Dämpfe Kopfschmerzen, Schwindel und Übelkeit verursachen können.
Farby i lakiery zawierają organiczne rozpuszczalniki, których opary mogą powodować bóle, zawroty głowy i mdłości.

r. Lärm – hałas
Sorgen Sie für Gehörschutz und warnen Ihre Kollegen vor dem Lärm.
Proszę zadbać o ochronę słuchu i ostrzec swoich kolegów przed hałasem.

r. Rauch – dym
Der beim Schweißen entstehende Rauch hat eine gesundheitsschädigende Wirkung.
Dym powstający podczas spawania ma działanie szkodliwe dla zdrowia.

e. Funken – iskry
Die beim Schweißen entstehenden Funken können Brände auslösen.
Powstające podczas spawania iskry mogą wywołać pożar.

r. Brand/s. Feuer – pożar/ogień
Der Brand ist wegen technischem Defekt ausgebrochen.
Pożar wybuchł z powodu defektu technicznego.

r. Feuerlöscher – gaśnica
Verbandkasten und Feuerlöscher sollen griffbereit aufbewahrt werden.
Apteczki i gaśnice powinny być przechowywane w zasięgu ręki.

einen Brand löschen – ugasić pożar
Die Feuerwehr löschte den Brand nach etwa einer Stunde.
Straż pożarna ugasiła pożar po około godzinie.

undicht – nieszczelny
Das Rohr ist undicht.
Rura jest nieszczelna.

beschädigt – uszkodzony, wadliwy
Dieser Türschloss/die Leitung ist beschädigt.
Ten zamek drzwiowy/przewód jest wadliwy.

entströmen – ulatniać się
Der Leitung entströmt Gas.
Z przewodu ulatnia się gaz.

einen Arbeitsunfall erlitten – doznać wypadku przy pracy
Er hat einen Unfall erlitten und ist jetzt arbeitsunfähig.
Doznał wypadku i teraz jest niezdolny do pracy.

melden – zgłosić
Jeder Unfall ist <u>sofort</u> zu melden.
Każdy wypadek należy <u>natychmiast</u> zgłosić.

Ich bin ausgerutscht und umgefallen.	Poślizgnąłem się i upadłem.
Ich bin heruntergefallen vom Dach, von der Leiter, vom Gerüst, von der Treppe	Spadłem z dachu, z drabiny, z rusztowania, ze schodów
Ich habe mich geprellt.	Potłukłem się.
Ich habe wohl meinen Arm gebrochen.	Chyba złamałem rękę.
Ich habe mir den Knöchel verstaucht.	Skręciłem kostkę.
Ich bin am Kopf verwundet.	Jestem ranny w głowę.
Ich kann meinen Arm nicht bewegen.	Nie mogę ruszać ręką.
Ich habe mich verletzt am Bein, an der Hand, am Arm, am Finger	Skaleczyłem się w nogę, w dłoń, w rękę, w palec
Ich blute stark.	Mocno krwawię.
Ich habe mir einen Splitter in den Finger eingerissen.	Drzazga weszła mi w palec.
Mir ist etwas ins Auge gefallen.	Wpadło mi coś do oka.
Meine Augen brennen.	Pieką mnie oczy.
Ich habe mich mit den Dünsten vergiftet.	Zatrułem się oparami.
Ich habe mich verbrannt.	Poparzyłem się.
Ich habe einen Stromschlag bekommen.	Poraził mnie prąd.
Ich habe mir den Finger eingeklemmt.	Przyciąłem sobie palec.
Ich kann nicht richtig atmen.	Ciężko mi się oddycha.
Ich habe Rückenschmerzen.	Mam bóle pleców.

Hilfe holen/den Arzt holen – sprowadzić pomoc/wezwać lekarza
Hol <u>sofort</u> Hilfe!
<u>Natychmiast</u> sprowadź pomoc!

erste Hilfe leisten – udzielić pierwszej pomocy
Ich habe erste Hilfe geleistet, <u>nachdem</u> der Arbeiter <u>von der Leiter gefallen war</u>.
Udzieliłem pierwszej pomocy <u>po tym, jak</u> pracownik <u>spadł z drabiny</u>.

e. Wunde – rana
Seine Wunde blutet <u>stark</u>.
Jego rana <u>mocno</u> krwawi.

eine Wunde verbinden – opatrzyć ranę
Bei der ersten Hilfe ist es zu wissen, wie man fachgerecht eine Wunde verbindet.
Przy pierwszej pomocy trzeba wiedzieć, jak profesjonalnie opatruje się ranę.

das Blut stillen – zatamować krew
Drücke eine sterile Kompresse für einige Minuten auf die Wunde, um das Blut zu stillen.
Dociskaj przez kilka minut sterylny kompres na ranie, żeby zatamować krew.

ein Pflaster auf die Wunde kleben – przykleić plaster na ranę
Bevor man ein Pflaster auf die Wunde klebt, wird diese erst noch gereinigt.
Zanim przyklei się plaster na ranę, wcześniej jest ona oczyszczana.

eine Wunde nähen – zszyć ranę
Ist die Wunde sehr groß, muss ein Arzt sie nähen.
Jeśli rana jest bardzo duża, musi ją zszyć lekarz.

einen Verband anlegen – założyć bandaż
Weißt du, wie man sich korrekt einen Verband am Kniegelenk anlegt?
Wiesz, jak prawidłowo zakłada się bandaż na stawie kolanowym?

ins Krankenhaus bringen – zabrać do szpitala
Er starb, als der Krankenwagen schon unterwegs war, um ihn ins Krankenhaus zu bringen.
Zmarł, kiedy karetka była już w drodze, żeby zabrać go do szpitala.

im Krankenhaus aufnehmen – przyjąć do szpitala
Er wurde im Krankenhaus wegen einer Herzerkrankung aufgenommen.
Został przyjęty do szpitala z powodu choroby serca.

aus dem Krankenhaus entlassen – wypisać ze szpitala
Wann werde ich aus dem Krankenhaus entlassen?
Kiedy zostanę wypisany ze szpitala?

r. Allgemeinarzt – lekarz ogólny, pierwszego kontaktu
Ich bin auf der Suche nach einem Allgemeinarzt in der Umgebung.
Szukam w okolicy jakiegoś lekarza ogólnego.

einen Termin beim Arzt vereinbaren – zapisać się do lekarza
Ich möchte einen Termin beim Arzt vereinbaren.
Chciałbym zapisać się do lekarza.

passen – pasować

> Passt es Ihnen am Montag?
> Czy pasuje Panu/i w poniedziałek?

> Der Termin passt mir nicht.
> Ten termin mi nie pasuje.

e. Untersuchung – badanie
Neben der Untersuchung des allgemeinen Gesundheitszustandes stellt der
Arzt noch eine Reihe von Fragen.
Obok badania ogólnego stanu zdrowia lekarz zadaje jeszcze szereg pytań.

r. Schmerz – ból
Der Schmerz ist vorbei.
Ból minął.

Ich habe...	Mam...
Kopfschmerzen	bóle głowy
Bauchschmerzen	bóle brzucha
Halsschmerzen	bóle gardła
Zahnschmerzen	bóle zęba
Schmerzen an der Wirbelsäule	bóle kręgosłupa
Schmerzen im Rücken	bóle pleców
Schmerzen im Brustkorb	bóle w klatce piersiowej

wehtun – boleć

> Was tut dir/Ihnen weh?
> Co Cię/Pana/-ią boli?
>
> Was fehlt dir/Ihnen?
> Co Ci/Panu/-i dolega?

> Der Bauch/Der Hals/Der Kopf/Das
> Bein/Der Zahn tut mir weh.
>
> Boli mnie
> brzuch/gardło/głowa/noga/ząb.

fühlen sich – czuć się
Ich fühle mich schlecht/schwach/müde/nicht wohl.
Czuję się źle/słabo/zmęczony/niedobrze.

leiden an – cierpieć na
Ich leide an Schlaflosigkeit/Grippe/Rückenschmerzen.
Cierpię na bezsenność/grypę/bóle pleców.

r. Bruch – złamanie
Beim offenen Bruch besteht es eine hohe Infektionsgefahr.
Przy otwartym złamaniu istnieje wysokie ryzyko infekcji.

e. Vergiftung – zatrucie
Eine chronische Vergiftung entsteht, wenn man längere Zeit schädigenden Substanzen ausgesetzt ist.
Chroniczne zatrucie powstaje, jeśli przez dłuższy czas jest się narażonym na szkodliwe substancje.

ein Medikament verschreiben – przepisać lekarstwo
Können Sie mir bitte etwas gegen Schmerzen/Husten/Schnupfen/ Grippe/Fieber/Magenbeschwerden/Durchfall verschreiben?
Czy może mi Pan/i przepisać coś na bóle/kaszel/katar/grypę/gorączkę/ dolegliwości żołądkowe/biegunkę?

ein Medikament (ein)nehmen – zażywać lekarstwo
Soll ich die Medikamente zweimal täglich nach/vor dem Essen einnehmen?
Czy lekarstwa mam przyjmować dwa razy dziennie po/przed jedzeniem?

krankgeschrieben sein – być na zwolnieniu
Der Arzt hat mich krankgeschrieben.
Lekarz wypisał mi zwolnienie.

e. Arbeitsunfähigkeit – niezdolność do pracy
Wie lange wird die Arbeitsunfähigkeit voraussichtlich dauern?
Jak długo przypuszczalnie będzie trwać niezdolność do pracy?

arbeitsunfähig – niezdolny do pracy
In welchen Zeitraum war eine unfallverletzte Person arbeitsunfähig?
W jakim okresie osoba poszkodowana w wypadku była niezdolna do pracy?

arbeitsfähig – zdolny do pracy
Seit wann sind Sie arbeitsfähig?
Od kiedy jest Pan zdolny do pracy?

aufnehmen – podjąć
Die Arbeit könnte ich ab... wieder aufnehmen.
Pracę mógłbym znów podjąć od...

Altana - Laube *f*
Antresola - Zwischengeschoß *n*
Aprobata techniczna - die technische Zulassung
Asfalt - Asphalt *m*
Asfalt dmuchany - geblasener Asphalt
Asfalt jeziorny - Seeasphalt *m*
Asfalt lany - Gußasphalt *m*
Asfalt naturalny - Naturasphalt *m*
Asfalt piaskowy - Sandasphalt *m*
Asfalt ponaftowy - Erdölasphalt *m*, Petroleumasphalt *m*
Asfalt posadzkowy - Parkettasphalt *m*
Asfalt sztuczny - künstlicher Asphalt
Asfalt trynidadzki - Trinidadasphalt *m*
Asfalt twardolany - Hartgußasphalt *m*
Asfalt ubijany - Stampfasphalt *m*
Asfalt upłynniony - Verschnittbitumen *n*
Asfalt utleniony - geblasener Asphalt
Asfalt wałowany - Walzasphalt *m*
Attyka - Attika *f*
Bal - Bohle *f*
Bal (systemu) Larssena - Larssenbohle *f*
Bal ścianki szczelnej - Spundbohle *f*
Bal ścianki szczelnej stalowy - Stahlspundbohle *f*
Bal ścianki szczelnej żelbetowy - Stahlbetonspundbohle *f*
Balkon - Balkon *m*
Balustrada - Balustrade *f*, Geländer *n*
Balustrada balkonowa - Balkonbrüstung *f*
Balustrada schodów - Treppengeländer *n*
Balustrada (ochronna) - Brüstung *f*
Bazalt - Basalt *m*
Bazaltowy - basaltisch, basalten
Bednarka - Bandeisen *n*, Bandstahl *m*
Belka - Balken *m*
Belka ciągła - durchlafender Träger
Belka główna - Hauptträger *m*
Belka jednoprzęsłowa - Einfeldbalken *m*
Belka niezablokowana na skręcanie – Torsionsbalken *m*
Belka nośna - Tragbalken *m*, Traverse *f*
Belka poprzeczna, rygiel - Querträger *m*

Belka prefabrykowana - Fertigbalken *m*
Belka stropowa - Deckenbalken *m*
Belka wiązania dachowego - Dachbalken *m*
Belka wiązara - Binderbalken *m*, Bundbalken *m*
Belka wiązarowa - Hängebalken *m*
Belka wspornikowa - Kragbalken *m*
Belkowanie w postaci jętek - Kehlgebälk *n*
Beton - Beton *m*
Beton cementowy - Zementbeton *m*
Beton ciężki - Schwerbeton *m*
Beton dojrzewający - junger Beton
Beton elewacyjny, licowy - Sichtbeton *m*
Beton komórkowy - Porenbeton *m*, Zellenbeton *m*
Beton lany - flüssiger Beton
Beton lekki - Leichtbeton *m*
Beton napowietrzony - belüfteter Beton
Beton natryskowy - Spritzbeton *m*
Beton niezbrojony - unbewehrter Beton
Beton nie związany (z podłożem) - unabgebundener Beton
Beton odporny na ścieranie - verschleißfester Beton
Beton odpowietrzony - Vakuumbeton *m*
Beton półciekły- sehr weicher Beton
Beton przepuszczający światło - lichtdurchlässiger Beton
Beton beton samozagęszczalny, beton SCC - selbstverdichtender Beton
Beton sprężony - vorgespannter Beton, Spannbeton *m*
Beton strunowy - Stahlseitenbeton *m*
Beton stwardniały - Festbeton *m*
Beton świeży - frischer Beton
Beton tłusty (beton o dużej zawartości cementu) - fetter Beton
Beton ubijalny - erdfeuchter Beton, steifer Beton
Beton wodoszczelny - wasserdichter Beton
Beton wodoszczelny o niskiej przesiąkliwości - wasserundurchlässiger
Beton
Beton wysokiej wytrzymałości (na ściskanie) - hochfester Beton
Beton zalewowy - Vergussbeton *m*
Beton zbrojony, żelbet - bewehrter Beton, Stahlbeton *m*
Betoniarka - Betonmischer *m*, Betonmischmaschine *f*
Betoniarka bębnowa - Trommelmischer *m*
Betoniarka dwubębnowa - Doppeltrommelmischer *m*

Betoniarka o pracy ciągłej - Durchlaufmischer *m*, Stetigmischer *m*
Betoniarka o przymusowym mieszaniu zarobu - Zwangmischer *m*
Betoniarka okresowa - Periodenmischer *m*, Chargenmischer *m*
Betoniarka przeciwbieżna - Gegenlaufmischer *m*
Betoniarka samochodowa - Mischfahrzeug *n*, Transportmischer *m*
Betoniarka wolnospadowa - Freifallmischer *m*
Betoniarka z bębnem przechylnym - Kipptrommelmischer *m*
Betoniarz - Betonarbeiter *m*, Betonbauer *m*
Betonować - betonieren
Bieg schodów - Treppenlauf *m*
Blacha - Blech *n*
Blacha falista - Wellblech *n*
Blacha łożyskowa - Lagerblech *n*
Blacha trapezowa - Trapezblech *n*
Blacha węzłowa - Knotenblech *n*
Bloczek betonowy - Betonblock *m*
Boazeria - Wand(ver)täfelung *f*, Vertäfelung *f*, Getäfel *n*
Bruk - Pflaster *n*
Bruk kamienny - Steinpflaster *n*
Bruk kostkowy - Würfelpflaster *n*, Stöckelpflaster *n*
Bruk z kamienia polnego - Katzenkopfpflaster *n*, Kopfsteinpflaster *n*
Bruk z klinkieru - Klinker(ziegel)pflaster *n*
Bruk z kostki kamiennej - Natursteinpflaster *n*
Bryła budynku - Baukörper *m*
Budowa pod klucz - Schlüsselfertigbau *m*
Budowla - Bauwerk *n*
Budownictwo - Bauwesen *n*
Budownictwo betonowe - Betonbau *m*, Betonbauweise *f*
Budownictwo blokowe - Blockbauweise *f*
Budownictwo deweloperskie - Bauträgerbau *m*
Budownictwo drewniane - Holzbau *m*
Budownictwo drogowe - Strassenbau *m*
Budownictwo mieszkaniowe - Wohnungsbau *m*
Budownictwo podziemne - Tiefbau *m*
Budownictwo szkieletowe - Fachwerkbauweise *f*
Budownictwo wielkopłytowe - Plattenbauweise *f*
Cegła - Ziegel *m*, Mauerziegel *m*
Cegła betonowa - Betonstein *m*
Cegła ceramiczna - gebrannter Ziegel, gebrannter Mauerstein

Cegła chromitowa - Chromitstein *m*
Cegła dziewiątka - Dreiviertelstein *m*, Dreiquartier *n*
Cegła dziurawka - Lochziegel *m*, Hohlziegel *m*
Cegła fasonowa, cegła kształtówka - Formziegel *m*
Cegła główka - Kopfstein *m*, Binder *m*, Streker *m*
Cegła izolacyjna - Isolierstein *m*
Cegła klinkierowa - Klinker(ziegel) *m*, Backstein *m*
Cegła klinowa - Keilziegel *m*, Keilstein *m*
Cegła kominówka - Schachtstein *m*, Brunnenstein *m*, Radialziegel *m*
Cegła kratówka - Hochlochstein *m*
Cegła krzemionkowa - Silikastein *m*, Dinasstein *m*
Cegła kształtówka - Formziegel *m*
Cegła kwasoodporna - säurefester Stein
Cegła licówka - Verblender *m*, Fassadenziegel *m*, Verblendstein *m*
Cegła magnezytowa - Magnesitstein *m*
Cegła maszynowa - Maschinenziegel *m*
Cegła mulitowa - Sillimanitstein *m*
Cegła ogniotrwała - feuerfester Ziegel
Cegła okładzinowa - Verblender *m*, Fassadenziegel *m*, Verblendstein *m*
Cegła pełna - Vollziegel *m*
Cegła płaska - Dünnformatziegel *m*
Cegła połówkowa - Halbstein *m*
Cegła porowata - poröser Stein, poröser Ziegel
Cegła posadzkowa - Bodenziegel *m*
Cegła pumeksowa - Schwammstein *m*
Cegła rozbiórkowa - Abbruchziegel *m*
Cegła sklepieniowa - Gewölbestein *m*, Gewölbeziegel *m*
Cegła stropowa - Deckenstein *m*
Cegła surowa - Lehmstein *m*, Lehmziegel *m*
Cegła suszona na powietrzu - Luftziegel *m*
Cegła szamotowa - Schamotteziegel *m*, Schamottestein *m*
Cegła szklana - Glasstein *m*, Glasziegel *m*
Cegła szklana pełna - Glasvollstein *m*
Cegła szklana pusta - Glashohlstein *m*
Cegła tłuczona - Ziegelsteinbruch *m*
Cegła ułamkowa - Teilstein *m*
Cegła ułożona główkowo - Kopfstein *m*, Binder *m*, Strecker *m*
Cegła wapienno-krzemowa - Kalksandstein *m*, Kalksandziegel *m*
Cegła węglowa - Kohlenstoffstein *m*

Cegła wiązana smołą - teergebundener Stein
Cegła wiążąca - Ankerstein *m*, Griffstein *m*
Cegła wiśniówka - roter Ziegel
Cegła wozówka - Läufer(stein) *m*
Cegła wypalana - gebrannter Ziegel, gebrannter Mauerstein
Cegła z gruzobetonu - Ziegelbetonstein *m*, Trümmerstein *m*
Cegła znormalizowana - Normal(format)ziegel *m*
Cegła zwykła - Mauerziegel *m*
Cegła żużlowa - Schlackenstein *m*
Cement - Zement *m*
Cement szybkotwardniejący - schnellerhärtender Zement,
        schnellbindender Zement
Cement wodoszczelny - wasserdichter Zement
Cement wolnotwardniejący - langsambindender Zement,
        Langsambinder *m*
Cement wysokowytrzymałościowy - hochfester Zement,
        Zement m von hoher Druckfestigkeit
Cement żużlowo-gipsowy - Gipsschlackenzement *m*,
        Sulfatschlackenzement *m*, Anhydritzement *m*
Cement żużlowo -wapienny - Schlackenkalkzement *m*
Cement żużlowy - Schlackenzement *m*
Ceramika - Keramik *f*
Ceramika budowlana - Grobkeramik *f*
Chodnik - Bürgersteig *m*
Cokół - Sockel *m*
Cokół ceglany - Mauersockel *m*
Cokół komina - Schornstein-Grundplatte *f*
Cokół przypodłogowy - Wandfries *m*
Cykliniarka - Ziehklingenmaschine *f*
Czop drewniany - Dollen *m*
Czop prosty - der einfache Zapfen
Czop widłowy - Scherzapfen *m*, Gabelzapfen *m*
Ćwiek - Schmiedenagel *m*
Dach - Dach *n*
Dach czterospad(k)owy - Walmdach *n*
Dach dwuspad(k)owy - Giebeldach *n*, Satteldach *n*
Dach jednospad(k)owy - Pultdach *n*
Dach jętkowy - Kehlbalkendach *n*
Dach kopertowy - Zeltdach *n*

Dach krokwiowy -Sparrendach *n*
Dach kryty dachówką - Ziegeldach *n*
Dach kryty blachą - Blechdach *n*
Dach kryty papą - Pappdach *n*
Dach kryty pojedynczo karpiówką - einfaches Dach
Dach mansardowy - Mansardach *n*, gebrochenes Dach
Dach naczółkowy - Krüppelwalmdach *n*, Schopfwalm *m*
Dach namiotowy - Zeltdach *n*
Dach nie wentylowany - nicht belüftetes Dach
Dach pilasty, szedowy - Sägedach, Sheddach *n*
Dach płaski - Flachdach *n*
Dach pulpitowy - Pultdach *n*
Dach spadzisty - Schrägdach *n*, geneigtes Dach
Dach stożkowy - Kegeldach *n*
Dach wentylowany - belüftetes Dach
Dach wielospadowy - das mehrflächige Dach
Dach wiszący - hängendes Dach
Dach wspornikowy - Kragdach *n*
Dachówka - Dachziegel *m*
Dachówka cementowa - Dachstein *m*, Betondachstein *m*
Dachówka ceramiczna - Dachziegel *m*
Dachówka ciągniona - Strangdachziegel *m*
Dachówka esówka - Pfannenziegel *m*, Hohlpfanne *f*, Pfanne *f*
Dachówka holenderka - Pfannenziegel *m*, Hohlpfanne *f*, Pfanne *f*
Dachówka holenderka żłobkowana - Falzpfanne *f*
Dachówka karpiówka - Biberschwanz *m*, Plattenziegel *m*, Flachziegel *m*
Dachówka klasztorna - Altdachziegel *m*, Klosterpfanne *f*
Dachówka koszowa - Kehlziegel *m*
Dachówka marsylska - Falzkremper *m*
Dachówka mnich - Mönch *m*
Dachówka mniszka - Nonne *f*
Dachówka płaska - Flachziegel *m*
Dachówka rzymska - Altdachziegel *m*, Klosterpfanne *f*
Dachówka szklana - Glasdachziegel *m*
Dachówka tłoczona - Preßdachziegel *m*
Dachówka z dymnikiem - Kappziegel *m*
Dachówka zakładkowa - Falz(dach)ziegel *m*
Daszek (nad wejściem) - Vordach *n*
Decyzja środowiskowa - Umweltbescheid *m*

Deska - Brett *n*
Deska cokołowa - Sockelbrett *n*
Deska cokołowa w drzwiach - Sockelfries *m*
Deska czołowa - Stirnbrett *n*
Deska do deskowania - Schalbrett *n*
Deska dociskająca - Drängbrett *n*
Deska kalenicowa - Firstpfette *f*
Deska okapowa - Traufbrett *n*
Deska parapetowa - Fensterbrett *n*, Fensterbank *f*, Lattenbrett, Simsbrett *n*
Deska podłogowa - Fußbodenbrett *n*
Deska szczytowa - Saumbrett *n*
Deska szczytowa osłaniająca pokrycie dachowe - Ortgang *m*
Deski podłogowe - Laufdielen *f*
Deskowanie dachu (pod pokrycie) - Dachschalung f
Deskowanie do betonu - Betoneinschalung *f*
Deskowanie drewniane - Holzschalung *f*
Deskowanie pomostu rusztowania - Gerüstbelag *m*
Deskowanie przenośne - Versetzschalung *f*
Deskowanie przestawne - Kletterschalung *f*
Deskowanie przesuwne - Wanderschalung *f*, Fahrschalung *f*
Deskowanie rozbieralno-przestawne inwentaryzowane - Montageschalung *f*
Deskowanie ślizgowe - Gleitschalung *f*
Deskowanie tracone - verlorene Schalun
Deskowanie wypełniające - Brettersteg *m*
Deskowanie z płyt - Tafelschalung *f*
Długość - Länge *f*
Dobudówka, przybudówka - Anbau *m*
Dokumentacja powykonawcza - Bestandsdokumentation *f*
Dokumenty projektowe - Projektunterlage *f*
Dodatek utwardzający do betonu - Betonhärtemittel *n*
Dojrzewanie betonu - Erhärten *n* des Betons
Domieszka do betonu upłynniająca, superplastyfikator - Betonfließmittel *n*
Domieszka opóźniająca wiązanie betonu, opóźniacz wiązania betonu - Betonverzögerer *m*
Domieszka uplastyczniająca mieszankę betonową - Betonverflüssiger *m*
Domieszka uszczelniająca do betonu - Betondichtungsmittel *n*
Dranica pod tynk - Putzleiste *f*

Drewno - Holz *n*
Drewno budowlane - Bauholz *n*
Droga ewakuacyjna - Fluchtweg *m*
Drut do betonu sprężonego - Spann(beton)draht *m*
Drut wiązałkowy - Bindedraht *m*
Drzwi - Tür *f*
Drzwi balkonowe - Balkontür *f*
Drzwi lewe - Linkstür *f*
Drzwi obrotowe - Drehtür *f*, Wendeflügeltür *f*, Windfangtür *f*
Drzwi prawe - Rechtstür *f*
Drzwi przesuwane - Schiebetür *f*, Rolltür *f*
Drzwi przymykowe - Schlagtür *f*
Drzwi składane - Falttür *f*
Drzwi wejściowe - Eingangstür *f*
Dylatacja - Dilatation *f*
Dymnik (okienko w dachu) - Dachfenster *n*
Dymnik (otwór wentylacyjny) - Rauchloch *n*
Działka (budowlana) - Grundstück *n*
Działko cementowe, cementarka - Betonkanone *f*
Dźwig - Kran *m*
Dźwigar - Träger *m*
Dźwigar belkowy - Balkenträger *m*
Dźwigar dwuprzęsłowy - Zweifeldträger *m*
Dźwigar kratowy - Gitterträger *m*, Fachwerkträger *m*
Dźwigar kratowy belkowy - Balkenfachwerk *n*
Dźwigar pełnościenny - Vollwandträger *m*
Dźwigar podwieszony - eingehängter Träger, Hängeträger *m*
Dźwigar strunbetonowy - Spannbetonträger *m*
Element betonowy prefabrykowany - Betonfertigteil *m*
Element z betonu, element betonowy prefabrykowany (np. bloczek, pustak, płytka, kostka) - Betonstein *m*
Elewacja - Front *f*, Hausfront *f*
Farba - Farbe *f*
Farba antykorozyjna - Rostschutzfarbe *f*
Farba bejca - Holzbeize *f*
Farba emulsyjna - Dispersionsfarbe *f*, Emulsionsfarbe *f*
Farba gruntowa, farba podkładowa - Grund(ier)farbe *f*
Farba klejowa - Leimfarbe *f*
Farba kryjąca - Deckfarbe *f*

Farba lateksowa - Latexfarbe *f*
Farba olejna - Ölfarbe *f*
Fasada - Fassade *f*
Fasada licowana - Blendfassade *f*
Fasady słupowo-ryglowe - Pfosten-Riegel-Fassaden *f*
Faseta - Kehle *f*
Filar fundamentu słupowego - Fundamentpfeiler *m*
Folia - Folie *f*
Fornir - Furnier *n*
Framuga - Fensterleibung *f*
Framuga okienna - Fensternische *f*
Framuga drzwiowa - Türleibung *f*
Frez - Fräser *m*
Front robót - Baustelleabschnitt *m*
Fryz - Fries *m*
Fryz arkadowy - Arkatur *f*
Fryz ostrołukowy - Spitzbogenfries *m*
Fryz szachownicowy - Schindelfries *m*
Fryz z tryglifami - Triglyphenfries *m*
Fryz ząbkowany - Zahnfries *m*
Fryz zdobiony w łuskę - Schuppenfries *m*
Fryz zębaty - Zinnenfries *m*
Fryz zygzakowaty - Zickzackfries *m*
Fuga - Fuge *f*
Fundament - Fundament *n*
Fundamentowanie - Fundamentierung *f*, Grundbau *m*, Gründung *f*
Fundamentowanie bezpośrednie - Flächengründung *f*, Flachgründung *f*
Fundamentowanie głębokie - Tiefgründung *f*
Fundamentowanie metodą zamrażania gruntu - Gefriergründung *f*
Fundamentowanie na kesonach - Preßluftgründung *f*
Fundamentowanie na skrzyniach pływających -
                    Schwimmkastengründung *f*
Fundamentowanie na studniach opuszczanych - Senkkastengründung *f*,
                    Brunnengründung *f*
Fundamentowanie płytkie - Flächengründung *f*, Flachgründung *f*
Fundamentowanie pneumatyczne - Preßluftgründung *f*
Fundamentowanie za pomocą kesonów-dzwonów
                    Taucherglockengründung *f*
Futryna drzwiowa - Türrahmen *m*

Futryna okienna - Fensterrahmen *m*
Gazociąg - Gasleitung *f*
Gąsior - Firstziegel *m*
Gąsior do krycia naroży - Gratziegel *m*, Walmziegel *m*
Gąsior narożny - Walmkappe *f*
Giętarka do (prętów) stali zbrojeniowej - Betonstahlbiegemaschine *f*
Gips - Gips *m*
Glazura - Fliesenbelag *m*, Wandfliese *f*, Fliesen *f*
Glina budowlana - Baulehm *m*
Gładź - Feinputz *m*
Gładź gipsowa - Gipsfertiganstrich *m*, Gipsfeinputz *m*
Gniazda w fundamencie na słupy prefabrykowane - Fundamenttassen *f*
Gont - Dachschindel *f*
Granica zabudowy - Baugrenze *f*
Grożący zawaleniem - baufällig
Grunt budowlany, grunt pod budowę - Baugrund *m*
Grunt słabonośny - der wenig tragfähige Boden
Grunt tynkowy - Spritzwurf *m*, Unterputz *m*
Gruszka stalowa do wyburzania - Abrissbirne *f*
Gruz betonowy - Betonbruch *m*
Gruz budowlany - Bauschutt *m*
Grys - Splitt *m*
Grys ceglany - Ziegelsplitt *m*
Grys drobny - Feinsplitt *m*
Grys gruby - Grobsplitt *m*
Grys kamienny - Steinsplitt *m*
Grys nie otoczony (bitumem) - Rohsplitt *m*
Grys otoczony bitumem - bituminierter Splitt
Grys smołowany - Teersplitt *m*
Grys wapienny - Kalksteinsplitt *m*
Grzejnik - Heizkörper *m*
Gwóźdź - Nagel *m*
Gwóźdź do krokwi - Sparrennagel *m*
Gwóźdź druciak - Drahtnagel *m*
Gwóźdź papowy, gwóźdź dekarski, papiak - Dachpappennagel *m*
Gwóźdź z łbem płaskim - Flachkopfnagel *m*
Gwóźdź z szeroką główką - Tack *m*
Gzyms - Gesims *n*, Sims *n*
Gzyms ciągniony w tynku - Putzgesims *n*

Gzyms cokołowy - Sockelgesims *n*
Gzyms deskowy - Brettgesims *n*
Gzyms główny - Hauptgesims *n*, Dachgesims *n*
Gzyms mansardowy - Kehlsims *m*, Dachbruchgesims *n*
Gzyms okapowy - Traufgesims *n*, Überschlaggesims *n*
Gzyms pasowy - Gurtgesims *n*, Bandgesims *n*
Gzyms podokienny - Fenstergesims *n*, Brüstungsgesims *n*
Gzyms skrzynkowy - Kastengesims *n*
Gzyms ścienny - Kordongesims *n*
Gzyms wspornikowy - Kraggesims *n*
Hak - Haken *m*
Haki rynnowe - Rinnenhacken *fpl*
Imadło - Schraubstock *m*
Impregnacja - Imprägnierung *f*, Durchtränkung *f*, Tränkung *f*
Impregnacja drewna - Holzimprägnierung *f*, Holztränkung *f*
Impregnować - impregnieren
Izoklina - Isokline *f*
Izolacja - Isolation *f*, Isolierung *f*
Izolacja termiczna - Wärmedämmung *f*
Jakość betonu - Betongüte *f*
Jaskółczy ogon - Schwalbenschwanz *m*
Jastrych - Estrich *m*
Jastrych (podkładowy) na warstwie izolacji - Estrich auf Dämmschicht
Jastrych (podkładowy) na warstwie rozdzielającej, poślizgowej -
              Estrich auf Trennschicht
Jętka - Kehlbalken *m*
Kalenica - First *m*
Kaloryfer - Plattenheizkörper *m*
Kamień - Stein *m*
Kamień brukowy - Pflasterstein *m*
Kamień budowlany - Baustein *m*
Kamień naturalny - Naturstein *m*
Kapinos - Tropfnase *f*
Kaseton - Kassette *f*
Kastra - Mörtelkasten *m*
Katastrofa budowlana - Baueinsturz *m*
Keramzyt - Keramsit *m*
Kielnia - Kelle *f*
Kielnia do spoin - Fugenkelle *f*

Kielnia murarska- Maurerkelle *f*, Mörtelkelle *f*
Klamka - Klinke *f*, Drücker *m*
Klamka drzwi - Türgriff *m*, Türdrücker *m*
Klamra ciesielska - Bauklammer *f*
Klatka schodowa - Treppenhaus *n*
Klej - Klebstoff *m*, Kleber *m*
Klej do drewna - Holzkleber *m*
Klej do glazury - Fliesenkleber *m*
Klej do tapet - Tapetenkleister *m*
Kleszcze (dach.) - Zangen *f*
Klimatyzacja - Klimaanlage *f*
Klin - Keil *m*
Klinkier – Klinker *m*
Kodeks budowlany - Baugesetzbuch *n*
Kolanko rurowe - Knierohr *n*
Kolanko rynnowe - Rinnenbogen *m*
Kolumna - Säule *f*
Kołek - Dübel *m*, Bolzen *m*
Kołek drewniany - Holzdübel *m*
Kołek mocujący - Befestigungsstift *m*
Kołek plastikowy - Plastikdübel *m*
Kołek rozprężny - Spreizdübel *m*
Kołek stalowy - Stahldübel *m*
Komin - Schornstein *m*
Kominek - Kamin *m*
Kondygnacja - Geschoss *n*, Geschoß *n* (Austria), Stock *m*
Konstrukcja - Konstruktion *f*
Konstrukcja budowlana - Baukonstruktion *f*
Konstrukcja drewniana - Holzbau *m*
Konstrukcja drewniana klejona - Holzleimbau *m*
Konstrukcja kratowa - Gitterwerk *n*
Konstrukcja łupinowa - Schalenbauweise *f*
Konstrukcja nośna - Tragkonstruktion *f*, Tragwerk *n*
Konstrukcja nośna belkowa - Balkentragwerk *n*, balkenartiges Tragwerk
Konstrukcja nośna kratowa - Fachwerktragwerk *n*
Konstrukcja nośna przestrzenna-Raumtragwerk *n*, räumliches Tragwerk
Konstrukcja nośna stropu - Rohdecke *f*
Konstrukcja szkieletowa -.Fachwerkbau *m*, Skelettbau *m*, Gerippebau *m*
Konstrukcja szkieletowa słupowa -.Ständerfachwerkbau *m*

Konstrukcja wstępnie sprężona - vorgespannte Konstruktion
Konstrukcja zespolona - Verbundkonstruktion *f*
Konstrukcja żelbetowa – Stahlbetonbau *m*
Konstrukcja sprężana - Spannbetonkonstruktion *f*
Konsystencja mieszanki betonowej, ciekłość betonu-Beton-Konsistenz *f*
Kontrłata (dach.) - Konterlatte *f*
Koparka - Bagger *m*
Kopuła - Kuppel *f*
Korytarz, przedpokój - Flur *m*
Kosmetyka betonu - Betonsanierung *f*
Kostka brukowa - Pflastersteinwürfel *m*
Kosz dachu - Dachkehle *f*
Kosztorys - Kostenvoranschlag *m*
Kosztorys powykonawczy - Schlussberechnung *f*
Koszty budowlane - Baukosten *f*
Kotew, kotwa - Anker *m*
Kotłownia - Heizungskeller *m*
Krawędziak - Kantholz *n*, Kantbalken *m*
Krawężnik - Randstein *m*
Kratka wentylacyjna - Belüftungsgitter *n*
Kratownica, konstrukcja kratowa, szachulec - Fachwerk *n*
Kratownica prosta - einfaches Fachwerk
Kratownica o pasach równoległych - parallelgurtiges Fachwerk
Kratownica przestrzenna - räumliches Fachwerk
Kratownica statycznie wyznaczalna - standbestimmtes Fachwerk
Kratownica statycznie niewyznaczalna - standunbestimmtes Fachwerk
Krokiew - Sparren *m*
Krokiew dachu - Dachsparren *m*, Dachspriegel *m*
Krokiew koszowa - Kehlsparren *m*
Krokiew narożna - Gratsparren *m*
Krokiew wiązara pełnego - Bindersparren *m*
Krokiew wiązara pustego - Zwischensparren *m*
Kruszywo - Zuschlagstoffe *f*
Kruszywo betonowe - Betonzuschlag *m*
Krzyżulec - Kreuzstrebe *f*, Kreuzkopf *m*
Krzyżulec rozciągany - Zugstrebe *f*
Krzyżulec ściskany - Druckstrebe *f*
Książka przedmiarów - Aufmaßbuch *n*
Księga wieczysta - Grundbuch *n*

Kształtownik - Profil *n*
Kulawka - Schifter *m*
Lakier - Lack *m*
Lakier bezbarwny - Klarlack *m*
Lakier błyszczący - Glanzlack *m*
Lakier chemoutwardzalny - härtbarer Lack
Lakier pigmentowy - Lackfarbe *f*
Lakier półmatowy - Halbmattlack *m*
Lastrico, lastryko - Terrazzo *m*
Legar - Grundbalken *m*
Legar drewniany - Unterlagholz *n*
Legar podłogowy - Rippholz *n*, Lagerholz *n*, Polsterholz *n*
Licowanie - Verkleidung *f*, Verblendung *f*, Bekleidung *f*
Licowanie cegłą - Ziegelverkleidung *f*
Licowanie elewacji - Fassadenverkleidung *f*
Licowanie płytkami - Plattenverkleidung *f*
Licowanie ściany - Wandbekleidung *f*
Licówka - Verblender *m*, Verblendziegel *m*, Vormauerziegel *m*, Fassadenziegel *m*
Listwa - Latte *f*, Leiste *f*
Listwa dylatacyjna - Fußleiste *f*
Listwa nośna konstrukcyjna - Traglatte *f*
Listwa ościeżnicowa - Türzarge *f*
Listwa przymykowa drzwi - Schlagleiste *f*
Listwa przyościeżnicowa - Randleiste *f*
Listwa przyścienna, przypodłogowa - Fußleiste *f*, Sockelleiste *f*
Listwa tynkarska - Putzleiste *f*
Listwa wibracyjna - Rüttelleiste *f*
Lukarna - Gaube *f*, Gaupe *f*, Lukarne *f*
Lukarna z daszkiem trzyspadowym - Walmgaube *f*
Łacenie, łaty - Lattung *f*
Łata, deska kalenicowa - Firstlatte *f*
Ławy fundamentowe - Streifenfundamente *f*
Łączenie na jaskółczy ogon (dach.) - die schwalbenschwanzförmige Überblattung
Łączenie z podwójnym wpustem (dach.) - der doppelte Versatz
Łączenie z wpustem - der einfache Versatz
Łącznik -Verbinder *m*, Verbindungsstück *n*
Łopata - Schaufel *f*, Spaten *m*

Łożysko - Lager *m*
Łożysko betonowe - Betonlager *n*
Łuk - Bogen *m*
Łuk bezprzegubowy - eingespannter Bogen
Łuk czołowy - Stirnbogen *m*, Wandbogen *m*, Schildbogen *m*
Łuk dwuprzegubowy - Zweigelenkbogen *m*
Łuk gibki - Stabbogen *m*
Łuk kratowy - Fachwerkbogen *m*
Łuk nadokienny - Fensterbogen *m*
Łuk nadproża okiennego - Fenstersturzbogen *m*
Łuk narożny - Gratbogen *m*, Gratgurte *f*, Kreuzrippe *f*
Łuk przekątny - Kreuzrippe *f*, Gratbogen *m*, Gratgurte *f*
Łuk przyczelny - Schildbogen *m*, Stirnbogen *m*, Wandbogen *m*
Łuk przyporowy - Strebebogen *m*
Malowanie - Anstreichen *n*, Malen *n*
Malowanie farbami emulsyjnymi - Emulsionstechnik *f*
Malowanie farbami kazeinowymi - Kaseinanstrich *m*
Malowanie farbami przezroczystymi - Lasuranstrich *m*
Malowanie farbami sylikatowymi - Wasserglastechnik *f*
Malowanie klejowe - Leimfarbenanstrich m, Leimtechnik *f*
Malowanie lakierami lazurującymi - Lasieren *n*
Malowanie maskujące - Tarnanstrich *m*, Sichtschutzanstrich *m*
Malowanie „mokrym na mokre" - Naß-auf-Naß-Verfahren *n*
Malowanie na suchym podłożu - Seccotechnik *f*
Malowanie natryskowe - Spritzfärbung *f*, Farbspritzen *n*
Malowanie natryskowe na gorąco - Wärmespritzen *n*, Heißspritzen *n*
Malowanie ochronne - Schutzanstrich *m*
Malowanie olejne - Öl(farben)anstrich *m*
Malowanie pędzlem - Streichen *n*
Malowanie podkładowe - Grundieren *n*
Malowanie podszkliwne - Unterglasurmalerei *f*
Malowanie przepychowe - Durchstoßverfahren *n*
Malowanie przez oblewanie - Fluten *n*
Malowanie wapienne - Kalk(farben)anstrich *m*
Malowanie zanurzeniowe - Tauch(verfahr)en *n*
Marmur - der Marmor/die Marmore
Masa samopoziomująca - die selbstnivellierende Masse
Masa uszczelniająca - Dichtungsmasse *f*
Masa wyrównująca - Ausgleichmasse *f*

Maszyna do natryskiwania masy betonowej, działko cementowe, cementarka - Betonkanone *f*, Betonspritzmaschine *f*

Materiał izolacyjny - Isolierstoff *m*, Dämmstoff *m*

Materiał wiążący - Bindemittel *n*, Bindestoff *m*

Miecz (dach.) - Bug *m*, Kopfband *n*

Miecz pochylony - Schwenkbug *m*

Miejsca narażone na okresowe zawilgocenie - Feuchträume *f*

Mieszanka betonowa, masa betonowa - Betonmischung *f*

Mieszanka betonowa bardzo ciekła- sehr fließfähiger Beton

Mieszanka betonowa bardzo sztywna - sehr steifer Beton

Mieszanka betonowa ciekła - fließfähiger Beton

Mieszanka betonowa o konsystencji wilgotnej - erdfeuchter Beton

Mieszanka betonowa plastyczna - plastischer Beton

Mieszanka betonowa półciekła, beton półciekły- sehr weicher Beton

Mieszanka betonowa sztywna - steifer Beton

Mieszanka betonowa zagęszczona (przed związaniem zaczynu cementowego) - grüner Beton

Mleko cementowe - Zementmilch *f*

Most - Brücke *f*

Most średnicowy - Hauptverkehrsbrücke *f*

Mostek termiczny - Wärmebrücke *f*

Mur - Mauer *f*, Mauerwerk *n*

Mur ceglany - Ziegelmauerwerk *n*

Mur ceglany niewyprawiony - Ziegelrohbau *m*

Mur cyklopowy - Polygon(al)mauerwerk *n*, Zyklopenmauerwerk *n*

Mur działowy - Scheidemauer *f*

Mur dziki - Feldsteinmauerwerk *n*

Mur fundamentowy - Fundamentmauerwerk *n*, Grundmauer *f*

Mur licowy - Verblendmauerwerk *n*

Mur mieszany - Mischmauer *f*

Mur mozaikowy - unregelmäßiges Schichtenmauerwerk

Mur ogniochronny - Brandmauer *f*, Feuermauer *f*

Mur ogniowy szczytowy - Brandgiebel *m*

Mur ogradzający - Einfassungsmauer *f*

Mur okładzinowy - Blendmauer *f*, Verkleidungsmauer *f*

Mur oporowy - Gewichtsstützmauer *f*, Stützmauer *f*

Mur oporowy podtrzymujący nasyp - Böschungsmauer *f*

Mur pachwinowy - Spandrillmauer *f*

Mur parapetowy - Brüstungsmauer *f*

Mur podokienny - Fensterbrüstung *f*
Mur podporowy - Stützmauer *f*, Auflagermauer *f*
Mur policzkowy (schodów) - Wangenmauer *f*
Mur pruski - Fachwerkwand *f*
Mur przyczelny - Schildmauer *f*, Stirnmauer *f*
Mur stanowiący pełną duszę schodów - Spindelmauer *f*
Mur suchy - Trockenmauer *f*
Mur szczelinowy - Hohlmauer *f*
Mur szczytowy - Giebelmauer *f*
Mur z cegły - Ziegelmauerwerk *n*, Steinmauerwerk *n*
Mur z ciosów - Hausteinmauerwerk *n*, Quader(stein)mauerwerk *n*
Mur z gliny - Lehmmauerwerk *n*
Mur z kamienia - Steinmauerwerk *n*
Mur z kamienia ciosanego - Werksteinmauerwerk *n*
Mur z kamienia łamanego - Bruchsteinmauerwerk *n*
Mur z kamienia naturalnego - Natursteinmauerwerk *n*
Mur z kamienia warstwowego - Schicht(en)steinmauerwerk *n*
Mur z oblicówką - Verblendmauerwerk *n*
Mur z próżnią wewnętrzną - Hohlmauer *f*
Mur z zaprawą asfaltową - Asphaltmauerwerk n
Mur zasypkowy - Füllmauer f
Mur zewnętrzny - Außenmauer *f*
Murłata - Mauerlatte *f*
Na pełną spoinę - vollfugig
Nacisk - Druck *m*
Nacisk na fundament - Fundamentdruck *m*
Naczółek, mała trójkątna połać dachowa - Krüppelwalm *m*
Nadbudowa - Überbau *m*, Oberbau *m*
Nadbudowa kondygnacji - Aufstockung *f*
Nadproże - Sturz *m*
Nadproże drewniane - Sturzbalken *m*
Nadproże drzwiowe - Türsturz *m*
Nadproże okienne - Fenstersturz *m*
Nadzór budowlany - Bauaufsicht *f*
Nakładka, łącznik - Lasche *f*
Nakładka prosta (dach.) - gerades Blatt
Nakładka skośna - schräges Blatt
Nakładka w jaskółczy ogon - Schwalbenschwanzblatt *n*
Naprawa i ochrona betonu - Betoninstandsetzung *f*

Naprężenie - Spannung *f*
Naroże - Grat *m*, Gratlinie *f*
Naroże dachu - Eckfirst *m*, Dachgrat *m*
Naroże zgubne - Verfallung *f*, Verfallungsgrat *m*
Natryskiwanie masy betonowej, torkretowanie - Betonspritzverfahren *n*
Nawierzchnia betonowa - Betonbelag *m*
Nośność - Tragfähigkeit *f*
Obciążenie - Last *f*, Belastung f
Obejma - Schelle *f*, Bügel *m*
Obejma mocująca - Befestigungsbügel *m*
Oblicować - verblenden
Obróbka blacharska - Blechkragen *m*
Obwód wentylacyjny - Entlüftungskreis *m*
Oczep - Rähm *m*, Rähmholz *n*
Oczep ścianki szczelnej - Verholmung *f*, Holm *m*
Oczep ściany szkieletowej - Kappschwelle *f*
Odbiór końcowy - Endabnahme *f*
Oddać inwestycję - Investition fertigstellen
Odpad betonu (np. na kruszywo - kod 170101 w katalogu odpadów) -
    Betonaufbruch *m*
Odstęp - Abstand *m*
Ogrzewanie - Heizung *f*
Ogrzewanie centralne - Zentralheizung *f*
Ogrzewanie podłogowe - Fussbodenheizung *f*
Okap - Traufe *f*
Okap dachu - Dachfuß *m*, Dachtraufe *f*
Okap dymowy - Rauchfang *m*
Okap nad oknem - Wetterdach *n*
Okapnik - Wasserschenkel *f*, Wetterschenkel *m*
Okładzina, oblicówka - Verkleidung *f*
Okiennica - Fensterladen *m*, Flügel *m*
Okiennica składana - Klappladen *m*, Schlagladen *m*
Okno - Fenster *n*
Okno balkonowe - Balkonfenster *n*
Okno dachowe - Dachfenster *f*, Dachgaupe *f*
Okno drewniane - Holzfenster *n*
Okno dwuskrzydłowe - zweiflüg(e)liges Fenster
Okno jednoskrzydłowe - Einflügelfenster *n*, einflüg(e)liges Fenster
Okno mansardowe - Mansardfenster *n*

Okno nieotwierane - feststehendes Fenster
Okno odchylne - Klapp(flügel)fenster *n*
Okno okrągłe - Rundfenster *n*
Okno ościeżnicowe - Zargenfenster *n*
Okno otwierane - öffnendes Fenster
Okno otwierane do wewnątrz - nach innen öffnendes Fenster
Okno otwierane na zewnątrz - nach außen öffnendes Fenster
Okno piwniczne - Kellerfenster *n*
Okno plastikowe - Plastikfenster *n*
Okno podwójne - Doppelfenster *n*
Okno pojedyncze - einfaches Fenster
Okno półkoliste - Rundbogenfenster *n*
Okno przechylne - Schwing(flügel)fenster *n*
Okno przesuwne - Schiebefenster *n*
Okno przesuwno-składane - Falt-Schiebefenster *n*
Okno rozetowe - Rosenfenster *n*, Katharinenrad *n*
Okno rozwierane - Drehfenster *n*
Okno ruchome - öffnendes Fenster
Okno sięgające do podłogi - Türfenster *n*
Okno składane - Faltfenster *n*
Okno skrzynkowe - Kastenfenster *n*
Okno stalowe - Stahlfenster *n*
Okno szczeblinowe - Sprossenfenster *n*
Okno szczelinowe - Schlitzfenster *n*
Okno szczytowe Giebelfenster *n*
Okno trójdzielne, trójprześwitowe - Dreilichtfenster *n*, dreifaltiges
            Fenster, dreiteiliges Fenster
Okno trójskrzydłowe - dreiflüg(e)liges Fenster
Okno uchylne - Kipp(flügel)fenster *n*
Okno w połaci dachowej - Dachfenster *n*, Dachgaupe *f*
Okno w sklepieniu - Kapp(en)fenster *n*
Okno w stropie - Deckenlicht *n*, Oberlicht *n*
Okno w szczycie - Giebelfenster *n*
Okno weneckie - Dreilichtfenster *n*
Okno żelbetowe (np. klatki schodowej) - Betonfenster *n*
Okrąglak - Rundholz *n*, Prügel *m*
Okucie drzwiowe - Türbeschlag *m*
Okucie okienne - Fensterbeschlag *m*
Opinia geotechniczna - Baugrundbeurteilung *f*

Osiedle mieszkaniowe - Wohnsiedlung *f*
Ościeże - Leibung *f*
Ościeże okienne wewnętrzne - die innere Fensterleibung
Ościeże okienne zewnętrzne - die äußere Fensterleibung
Ościeżnica - Blendrahmen *m*, Blindrahmen *m*, Futterrahmen *m*
Ościeżnica drzwiowa - Türrahmen *m*, Zarge *f*
Ościeżnica okienna - Zargenrahmen *m*, Fensterzarge *f*
Oświetlenie - Beleuchtung *f*
Otulina, przedścianka - Vorsatzschale *f*
Otulina betonowa (prętów zbrojenia) - Betondeckung *f*
Otwór - Öffnung *f*, (wywiercony) Bohrung *f*
Otwór na klatkę schodową - Treppenloch *n*
Paca - Reibebrett *n*
Panele - Paneele *f*
Papa - Baupappe *f*, Pappe *f*
Papa bitumiczna - Asphalt(bitumen)pappe *f*
Papa dachowa - Dachpappe *f*
Papa izolacyjna - Isolierpappe *f*
Papiak - Pappnagel *m*, Deckernagel *m*
Parapet - Brüstung *f*, Fensterbrett *n*
Parapet zewnętrzny - Außenfensterbank *f*
Parkiet - Parkett *n*
Parking podziemny, garaż podziemny - Tiefgarage *f*
Parking wielopoziomowy - Parkhaus *n*
Parter - Erdgeschoss *n*, Erdgeschoß *n* (Austria)
Pas dolny dźwigara/wiązara - Untergurt *m*
Pas górny dźwigara/wiązara - Obergurt *m*
Pianka antykorozyjna - Trittschallschaum *m*
Pianka montażowa - Montageschaum *m*
Pianobeton - Schaumbeton *m*, Zellenbeton *m*
Piasek - Sand *m*
Piasek do betonu - Betonbrechsand *m*
Piasek drobnoziarnisty do betonu - Betonfeinsand *m*
Pielęgnowanie betonu - Nachbehandlung *f* des Betons
Piętro - Obergeschoss *n*, Obergeschoß *n* (Austria) Etage *f*, Stock *m*
Pion (murarski) - Lot *n*
Pion kanalizacyjny, rura spustowa - Fallrohr *n*
Piorunochron - Blitzableiter *m*
Piwnica, kondygnacja podziemna - Untergeschoss *n*,

Untergeschoß *n* (Austria), Keller *m*
Plan zabudowy - Baugestaltungsplan *m*
Planowanie przestrzenne - Raumplanung *f*
Plastyfikator do betonu - Betonverflüssiger *m*
Płaszczyzna dachu - Dachfläche *f*
Płatew dachowa - Dachpfette *f*
Płatew kalenicowa - Firstpfette *f*
Płatew pośrednia - Mittelpfette *f*, Zwischenpfette *f*
Płatew przystropowa - Fußpfette *f*
Płatew środkowa - Mittelpfette *f*
Płyta - Platte *f*
Płyta betonowa - Betonplatte *f*
Płyta dachowa - Dachplatte *f*
Płyta fundamentowa - Fundamentplatte *f*
Płyta gipsowa - Gipsplatte *f*
Płyta kotwiąca - Ankerplatte *f*
Płyta szalunkowa - Schalungsplatte *f*
Płyta wiórowa - Spannplatte *f*
Pochylnia ruchoma - Rollsteig *m*
Podciąg - Unterzug *m*
Poddasze, strych - Dachraum *m*, Dachboden *m*
Poddasze użytkowe - zur Nutzung geeignetes Dachgeschoss
Podkładka - Unterlage *f*, Unterlegscheibe *f*, Unterlagsplatte *f*
Podkładka klinowa - Keilfutter *n*
Podkładka podporowa - Auflagerknagge *f*
Podmurówka - Gebäudesockel *m*, Untermauerung *f*
Podokiennik zewnętrzny - Fensterbank *f*
Podpora, wspornik - Stütze *f*, Auflager *n*
Podpora belki stropowej - Balkenauflager *n*
Podstemplowywać - unterbolzen, unterstempeln
Podwalina - Schwelle *f*, Grundschwelle *f*, Lagerschwelle *f*
Podziałka,skala - Massstab *m*
Podżwirek do betonu - Betonfeinkies *m*
Połączenie spawane belka-słup - Balken-Stiel-Schweissverbindung *f*
Połączenie za pomocą blachy węzłowej - Verbindung mit Knotenblech
Połączenie za pomocą kątowników - Winkelverbindung *f*
Połączenie zamocowane, utwierdzenie - Einspannung *f*
Połączenie zamocowane belka-słup - Balken-Stiel-Einspannung *f*
Położenie kamienia węgielnego - Grundsteinlegung *f*

Pomiar budowlany - Bauaufnahme *f*
Pomieszczenie, przestrzeń - Raum *m*
Pomost roboczy - Arbeitsbühne *f*
Pompa do mieszanki betonowej - Betonpumpe *f*
Poprzecznica - Traverse *f*
Poręcz - Geländer *n*, Lehne *f*, Handlauf *m*
Poręcz rusztowania - Schutzgeländer *n*, Schutzstange *f*, Rückenlehne *f*
Poręcz schodów -Treppengeländer *n*
Pospółka do betonu - Betonkiessand *m*
Poszycie dachu - Dachhaut *f*
Powała - Sturzboden *m*
Powierzchnia licowa - Sichtfläche *f*
Powierzchnia mieszkania - Wohnfläche *f*
Powierzchnia zbrojenia - Bewehrungsfläche *f*
Powłoka - Überzug *m*
Powłoka antykorozyjna - Korrosionsschutzüberzug *m*
Powłoka do pokrycia balkonu - Balkonbeschichtung *f*
Powłoka malarska - Anstrich *m*
Powłoka ochronna - Schutzhülle *f*
Poziomica - Wasserwaage *f*
Pozwolenie na budowę - Baugenehmigung *f*
Pozwolenie na użytkowanie - Nutzungsgenehmigung *f*
Półpiętro - Zwischengeschoss *n*
Prawo budowlane - Baugesetz *n*, Baurecht *n*
Pręt - Stab *m*
Pręt konstrukcyjny - Konstruktionsstab *m*
Pręt kotwiący - Verankerungsstab *m*
Pręt kratownicy - Fachwerkstab *m*, Ausfachungsstab *m*
Pręt kształtowy - Profilstange *f*
Pręt kwadratowy - Quadratstange *f*
Pręt łącznikowy - Verbindungsstab *m*
Pręt montażowy - Richtstab *m*, Montageeisen *n*
Pręt odgięty - gekrümter Stab *m*
Pręt pionowy - Ständer *m*
Pręt pochylony - Schräge *f*
Pręt podłużny (główny) - Längsstab *m*
Pręt prosty - einfacher Stab *m*
Pręt przegubowy - Gelenkstab *m*
Pręt rozdzielczy - Verteilungseinlage *f*, Verteiler *m* (im Stahlbeton)

Pręt skośny - Schräge *f*
Pręt skręcany - Drillstab *m*, tordierter Stab
Pręt sprężający - Spannstab *m* (im Spannbeton)
Pręt stalowy - Stahlstab *m*
Pręt stalowy kwadratowy - Quadratstahl *m*
Pręt stalowy okrągły - Rundstahl *m*
Pręt stalowy ośmioboczny - Achtkantstahl *m*
Pręt stalowy płaski - Flachstahl *m*
Pręt stalowy półokrągły - Halbrundstahl *m*
Pręt stalowy sześciokątny - Sechskantstahl *m*
Pręt stalowy trójkątny - Dreikantstahl *m*
Pręt z uchem - Augenstab *m*
Pręt zakotwiony - verankerter Stab *m*
Pręt zakrzywiony - gekrümmter Stab
Pręt zbrojeniowy - Bewehrungsstab *m*
Pręt żebrowany - Rippenstab *m*
Proces budowlany - Bauvorhaben *n*
Projekt - Entwurf *m*
Projekt budowlany - Bauprojekt *n*
Projekt wstępny - Vorprojekt *n*
Projekt wykonawczy - Ausführungsprojekt *n*
Przegub - Gelenk *n*
Przegub Gerbera - Gerbergelenk *n*
Przegub podporowy - Auflagergelenk *n*
Przegub stopowy - Fußgelenk *n*
Przegub wezgłowiowy - Kämpfergelenk *n*
Przegub zwornikowy - Scheitelgelenk *n*
Przejma, wymian (dach.) - Wechsel *m*
Przekrój podłużny - Längsschnitt *m*
Przekrój poprzeczny - Querschnitt *m*
Przepisy budowlane - Bauordnung *f*
Przetarg - Ausschreibung *f*
Przewód kanalizacyjny - Abwasserleitung *f*
Przęsło - Feld *n*, Joch *n*
Przęsło belki - Balkenfeld *n*
Przybudówka - Anbau *m*
Przygotowanie betonu, wyrób betonu - Betonaufbereitung *f*
Przypustnica - Aufschiebling *m*
Pułap - Decke *f*

Pułap ślepy - Fehlboden *m*, Zwischenboden *m*
Pustak - Lochziegel *m*, Hohlblockstein *m*
Ramiak - Rahmenholz *n*
Roboty podziemne, fundamenty - Grundbau *m*
Roleta - Rollladen *m*
Rozciąganie - Zugbelastung *f*
Rozcieńczalnik - Verdünnungsmittel *n*
Rozpiętość (np. przęsła) - Spannweite *f*
Rozpora (dach.) - Spannriegel *m*
Rozpórka - Spreize *f*, Abstandshalter *m*
Rozcieńczalnik - Verdünnungsmittel *n*
Rozpuszczalnik - Lösungsmittel *n*
Rura odpływowa - Abflussrohr *n*
Rura spadowa - Fallrohr *n*
Rusztowanie - Gerüst *n*
Rygiel - Riegel *m*, Wandriegel *m*
Rygiel poprzeczny - Querriegel *m*
Rygiel poziomy - Zwischenriegel *m*
Rynna dachowa - Dachrinne *f*
Ryzalit - Risalit *m*, Vorlage *f*, Vorbau *m*
Rzędna posadowienia - Gründungskote *f*
Rzut pionowy budynku - Aufriss eines Gebäudes
Rzut poziomy - Grundriss *m*
Rzygacz - Ansetztraufe *f*, Abtraufe *f*, Wasserspeier *m*
Schody - Treppe *f*
Schody dwubiegunowe - zweiarmige Treppe
Schody ewakuacyjne - Fluchttreppe *f*
Schody jednobiegunowe - einarmige Treppe
Schody kręcone - Wendeltreppe *f*
Schody policzkowe - Wangentreppe *f*
Schody ruchome - Fahrtreppe *f*, Rolltreppe *f*
Schody zabiegowe - gebrochene Treppe
Siatka zbrojeniowa stalowa, mata - Betonstahlmatte *f*, Bewehrungsnetz *n*
Sklejka - Sperrholz *n*
Składowisko na placu budowy (na materiały budowlane, sprzęt, narzędzia itd.) - Bauhof *m*
Słup, słupek - Pfosten *m*, Stütze *f*
Słup, filar fundamentu słupowego - Fundamentpfeiler *m*
Spoina gładka - stumpfe Fuge

Spoina łożyskowa - Lagerfuge *f*
Spoina pełna - Vollfuge *f*
Spoina pionowa - Stoßfuge *f*
Spoina płaska - Flachnaht *f*
Spoina podłużna - Längsfuge *f*
Spoina wsporna - Lagerfuge *f*
Spoina z wkładką - gefederte Fuge
Spoiwo - Bindemittel *n*
Spoiwo budowlane - Baubindemittel *n*
Sposób, system budowania - Bauweise *f*
Spód fundamentu, podstawa fundamentu - Fundamentsohle *f*
Spód wykopu budowlanego - Baugrubensohle *f*
Stal zbrojeniowa (do betonu) - Betonstahl *m*, Monier-Stahl *m*
Stal zbrojeniowa okrągła - Betonrundstahl *m*
Stal zbrojeniowa profilowana - Betonformstahl *m*
**Stal zbrojeniowa w postaci prętów (okrągłych, gładkich lub
        żebrowanych)** - Betonstabstahl *m*
Stan deweloperski - ausbaufertiger Zustand
Stan surowy - Rohzustand *m*, Rohbau *m*
Stare budownictwo - Altbau *m*
Stężenie konstrukcji - Versteifung *f*, Ansteifung *f*
Stężenie podłużne - Längsverband *m*, Längsversteifung *f*
Stężenie poprzeczne - Quersteife *f*, Querversteifung *f*, Querverband *m*
Stężenie ukośne - Verstrebung *f*
Stojak dachowy - Dachständer *m*
Stopa fundamentowa - Einzelfundament *n*
Strop - Decke *f*
Strop belkowy - Balkendecke *f*, Tramdecke *f*
Strop belkowy żelbetowy prefabrykowany-Stahlbetonfertigbalkendecke *f*
Strop betonowy - Betondecke *f*
Strop ceglany - Steindecke *f*
Strop drewniany - Holzdecke *f*
Strop drewniany belkowy - Holzbalkendecke *f*
Strop kasetonowy - Kassettendecke *f*
Strop międzypiętrowy - Geschoßdecke *f*
Strop podwieszany - Hängedecke *f*
Strop żebrowy - Rippendecke *f*
Strop żelbetowy - Stahlbetondecke *f*
Strop żelbetowy ocieplony - Stahlleichtträgerdecke *f*

Strop żelbetowy płytowo-żebrowy - Stahlbetonplattenbalkendecke *f*
Stopień zbrojenia - Bewehrungsfaktor *m*
Stropodach - Warmdach *n*, massives Flachdach
Stropodach odwrócony - Umkehrdach *n*
Strug - Hobel *m*
Strunobeton - Stahlsaitenbeton *m*, Saitenbeton *m*
Strzałka ugięcia - Biegepfeil *f*
Strzemię - Bügel *m*, Hängeeisen *n*
Strzemię otwarte (w żebrach) - Offener Bügel (in Rippen)
Strzemię zamknięte (w belkach) - Geschlossener Bügel (in Balken)
Strzemię zamknięte (w słupach) - Geschlossener Bügel (in Stützen)
Styropian - Styropor *n*
Sufit - Decke *f*, Unterdecke *f*
System ociepleniowy - Wärmedämmverbundsystem *n*
Szalunek - Schalung *f*, Verschalung *f*
Szczeblina - Sprosse *f*
Szczeblina krzyżowa - Kreuzsprosse *f*
Szczeblina okienna - Fenstersprosse *f*
Szczeblina ołowiana - Bleirippe *f*
Szczelina - Spalt *m*, Schlitz *m*, Fuge *f*
Szczelina dylatacyjna - Bewegungsfuge *f*, Dehnungsfuge *f*
Szerokość - Breite *f*
Szkielet - Skelett *n*, Gerippe *n*
Szkielet zbrojeniowy - Bewehrungskorb *m*
Szklanobeton - Betonglas *n*
Szkło - Glas *n*
Szczyt ściany, budynku - Giebel *m*
Szerokość elewacji - Frontbreite *f*, Frontlänge *f*
Sznurek ciesielski - Richtschnur *f*
Szpachla - Spachtel *m*
Szpachlówka - Spachtelmasse *f*
Szpachlówka do betonu, masa szpachlowa - Betonspachtel *m*
Sztuka budowlana - Baukunst *f*
Sztukateria - Stuck *m*
Szyba - Scheibe *f*
Ściana - Wand *f*
Ściana działowa - Trennwand *f*
Ściana fundamentowa - Fundamentwand *f*
Ściana nośna - tragende Wand, Tragwand *f*

Ściana ogniowa - Brandwand *f*, Brandgiebel *m*
Ściana parapetowa - Brüstung *f*
Ściana samonośna - freitragende Wand
Ściana szczytowa - Giebel *m*, Giebelwand *f*
Ściana zewnętrzna - Außenwand *f*
Ścianka działowa - Trennwand *f*
Ścianka elewacyjna Verblendsmauerwerk *n*
Ścianka kolankowa - Kniestock *m*
Ściąg pojedynczy, prosty - die einfache Zange
Ściągnięcie drutem (np. deskowanie) - Rödelung *f*
Ściskanie - Druckbelastung *f*
Ściśliwy - kompressibel
Ślepa podłoga, podłoże posadzki - Unterboden *m*
Ślusarka budowlana - Bauschlosserei *f*
Ślusarka okienna - Fensterbeschläge *f*
Śruba - Schraube *f*
Śruba fundamentowa, śruba kotwiąca - Fundamentschraube *f*
Śruba złączna (dach.) - Schraubenbolzen *m*
Świadectwo przejęcia - die Bestätigung der Übernahme
Świetlik, okno w dachu - Dachfenster *n*
Taczka - Schubkarre *f*, Karren *m*
Tapeta - Tapete *f*
Tapeta papierowa - Papiertapete *f*
Tapeta samoprzylepna - Selbstklebetapete *f*
Tapeta zmywalna - abwaschbare Tapete
Tapetować - tapezieren
Terakota -Terrakotta *f*
Teren zielony - Grünanlage *f*
Trylinki - Betonpflastersteine *mpl*
Trzon - Kern *m*
Tworzywo sztuczne - Kunststoff *m*
Tynk - Putz *m*
Tynk cienkowarstwowy - Dünnschichtputz *m*
Tynk nakrapiany pędzlem - Pinselputz *m*
Tynk gipsowy - Gipsputz *m*
Tynk szlachetny - Edelputz *m*
Tynk wapienny - Kalkputz *m*
Tynk zewnętrzny - Außenputz *m*
Tynk zmywalny - Waschputz *m*

Tynkarz - Putzer *m*
Tynkować - putzen, verputzen
Tynkowanie mechaniczne - maschinelles Putzen
Tynkownica - Putzwerfer *m*, Mörtelwerfer *m*, Verputzmaschine *f*
Ubijak do betonu - Betonstampfer *m*
Ugięcie - Durchbiegung *f*
Ulepszanie właściwości gruntu budowlanego - Baugrundverbesserung *f*
Urządzenia sanitarne - Sanitäranlagen *f*
Ustęp - Baustellenabort *m*
Ustrój budowlany - Baukonstruktion *f*
Ustrój dachowy - Dachstuhl *m*
Ustrój nośny – Tragekonstruktion *f*
Ustrój nośny o węzłach nieprzesuwnych - unverschiebliches Tragwerk
Ustrój o węzłach przesuwnych - verschiebliches Tragwerk
Ustrój trapezowo-zastrzałowy - doppeltes Sprengwerk
Ustrój trójkątno-zastrzałowy - einfaches Sprengwerk
Ustrój wieszakowo-zastrzałowy dwuwieszakowy - Hängesprengwerk *n*
Ustrój zastrzałowo-rozporowy - Sprengwerk *n*
Ustrój zastrzałowy - Strebewerk *n*
Uszczelka - Dichtung *f*
Uszczelnienie - Dichtung *f*
Walec drogowy – Straßenwalze *f*
Wapno - Kalk *m*
Wapno budowlane - Baukalk *m*
Wapno gaszone - gelöschter Kalk
Wapno palone - gebrannter Kalk
Warstwa główkowa muru - Binderschicht *f*, Streckerschicht *f*
Warstwa wozówkowa muru - Läuferschicht *f*
Wata szklana - Glaswatte *f*, Glaswolle *f*
Wąż doprowadzający wodę - Wasserschlauch *m*
Wełna drzewna - Holzwolle *f*
Wełna mineralna - Mineralwolle *f*
Wełna szklana - Glaswolle *f*
Wentylacja - Lüftung *f*, Belüftung *f*
Węgarek - Anschlag *m*
Węgarek okienny - Fensteranschlag *m*
Wiadro - Eimer *m*
Wiatrownica - Windrispe *f*, Schwibbe *f*
Wiązanie blokowe - Blockverband *m*

Wiązanie dachowe - Dachverband *m*
Wiązanie główkowe - Binderverband *m*, Streckerverband *m*
Wiązanie gotyckie, polskie - gotischer Verband, polnischer Verband
Wiązanie holenderskie - holländischer Verband
Wiązanie kominowe - Schornsteinverband *m*
Wiązanie krzyżykowe, weneckie - Kreuzverband *m*
Wiązanie muru - Mauerverband *m*
Wiązanie wozówkowe - Läuferverband *m*
Wiązar - Binder *m*, Hallenbinder *m*
Wiązar dachowy - Dachbinder *m*, Dachgebinde *n*, Dachgespärre *n*
Wiązar deskowy gwoździowany - Brettbinder *m*
Wiązar kratowy - Fachwerkbinder *m*
Wiązar pełny - Vollbinder *m*
Wiązar pusty - Zwischengespärre *n*
Wiązar trójkątny - Dreiecksbinder *m*, Polonceau-Binder *m*
Wiązar z pełną ścianką - Vollwandbinder *m*
Wibrator belkowy - Vibrationsbohle *f*
Wibrator buławowy - Flaschenrüttler *m*
Wibrator płytowy - Rüttelplatte *f*
Wibrator pneumatyczny - Druckluftrüttler *m*, Preßluftrüttler *m*
Wibrator powierzchniowy - Oberflächenrüttler *m*
Wibrator przyczepny - Außenrüttler *m*
Wibrator wgłębny - Innenrüttler *m*
Wibrowanie - Rütteln *n*
Wibrowanie betonu - Betonrüttlung *f*
Wieniec - Ringanker *m*
Wiertarka - Bohrmaschine *f*
Wiertło - Bohrer *m*
Wieszak (dach.) - Hängesäule *f*
Więźba dachowa - Dachstuhl *m*, Dachverband *m*, Dachgebinde *n*,
　　　　Dachgespärre *n*
Więźba jętkowa - Kehlbalkendach *m*
Więźba jętkowa z podwójnym podparciem - zweifachstehender
　　　　Kehlbalkendachstuhl
Więźba kleszczowa - Zangentdachstuhl *m*
Więźba krokwiowa - Sparrendach *m*
Więźba krokwiowo-jętkowa - Sparren-Kehlbalkendach *m*
Więźba płatwiowa dwupoziomowa z podwójnym podparciem -
　　　　zweifachstehender Pfettendachstuhl

Więźba płatwiowa jednopoziomowa z pojedynczym podparciem - einfachstehender Pfettendachstuhl

Więźba płatwiowo-jętkowa - Pfetten-Sparrendach *m*

Więźba płatwiowo-krokwiowa - Pfetten-Kehlbalkendach *m*

Więźba wieszarowa dwuwieszakowa - das doppelte Hängewerk

Winda - Aufzug *m*, Fahrstuhl *m*, Lift *m*

Wkładka stalowa - Stahleinlage *f*

Wkładka zbrojeniowa - Bewehrungseinlage *f*

Wkładka zbrojeniawa w kształcie "L" - Winkelzulage *f*

Wkładka zbrojeniawa w kształcie "U" - "Haarnadel"

Wkręt - Schraube *f*

Wkrętarka - Schraubendreher *m*

Wspornik - Stütze *f*; Konsole *f*, Kragstein *m*

Wspornik (belki) - Kragarm *m*

Wyboczenie - Knicken *n*

Wyboczenie giętne - Biegeknickung *f*

Wyboczenie giętno-skrętne - Biegedrillknickung *f*

Wyciąg - Aufzug *m*

Wykop budowlany (np. pod fundamenty, instalacje) - Baugrube *f*

Wykop budowlany ze skarpami, wykop budowlany ze ścianami pochylonymi (bez umocnień) - geböschte Baugrube

Wykop budowlany ze ścianami pionowymi umocnionymi (np. ścianką, deskowaniem) - umschlossene Baugrube

Wykusz - Erker *m*

Wylewka - Estrich *m*, Betonestrich *m*, Betonboden *m*

Wymiana pokrycia dachowego - Dachumdeckung *f*

Wymiarowanie - Dimensionierung *f*

Wymiary - Abmessungen *fpl*

Wypełnianie spoin - Fugenverguß *m*

Wypełnienie stropu - Deckenfüllung *f*

Wysokość - Höhe *f*

Wysokość belki - Balkenhöhe *f*

Wysokość kondygnacji brutto - lichte Rohbauhöhe *f*

Wysokość kondygnacji netto - lichte Ausbauhöhe *f*

Wysokość konstrukcyjna, wysokość budowlana - Bauhöhe *f*

Występ dachu - Dachüberstand *m*

Wytrzymałość - Festigkeit *f*, Widerstandsfähigkeit *f*

Wytrzymałość betonu - Betonfestigkeit *f*

Wytwarzanie mieszanki betonowej - Betonaufbereitung *f*

Wywietrznik - Absaugventilator *m*, Ablüfter *m*, Ventilator *m*
Wywietrznik dachowy - Dachaufsatz *m*
Wywrotka do betonu - Betontransportwagen *m*
Zabezpieczenie wykopu budowlanego - Baugrubensicherung *f*
Zabudowa luźna - offene Bauweise *f*
Zabudowa zwarta - geschlossene Bauweise *f*
Zabytek - Denkmal *n*
Zaczyn - Zementleim *m*, Zementmilch *f*
Zagęszczanie - Verdichtung *f*
Zagęszczanie betonu - Betonverdichtung *f*
Zagęszczanie mechanicznymi wibratorami - Verdichtung mit
        mechanischen Rütteln
Zagęszczanie ręczne - Handverdichtung *f*
Zakotwienie - Verankerung *f*
Zamek - Schloss *n*
Zamek drzwiowy - Türschloß *n*
Zamek drzwiowy bębenkowy - Zylinderschloß *n*
Zamek prosty (dach.) - das gerade Hakenblatt
Zamek ukośny (dach.) - das schräge Hakenblatt
Zapadać się - einsinken
Zaplecze budowy - Baustelleneinrichtung *f*
Zaprawa - Mörtel *m*
Zaprawa cementowa - Zementmörtel *m*
Zaprawa do spoin - Fugenmörtel *m*
Zaprawa do wstrzykiwania - Einpreßmörtel *m*
Zaprawa gipsowa - Gipsmörtel *m*
Zaprawa hydrauliczna - Wassermörtel *m*, hydraulischer Mörtel
Zaprawa jastrychowa - Estrichmörtel *m*
Zaprawa krzemianowa - Silikamörtel *m*
Zaprawa magnezjowa - Magnesiamörtel *m*
Zaprawa ogniotrwała - feuerfester Mörtel
Zaprawa powietrzna - Luftmörtel *m*
Zaprawa szamotowa - Schamottemörtel *m*
Zaprawa tynkarska - Putzmörtel *m*
Zaprawa wapienna - Kalkmörtel *m*
Zaprawa wapienno-cementowa - Zementkalkmörtel *m*, verlängerter
        Zementmörtel, Kalkzementmörtel *m*
Zaprawa wapiennotrasowa - Kalktraßmörtel *m*
Zaprawa zalewowa - Vergussmörtel *m*

Zastrzał (dach.) - Strebe *f*
Zatarty na gładko - geglättet
Zawias - Band *n*, Türband *n*, Scharnier *n*
Zawiasa czołowa - Scharnierband *n*
Zawiasa czopowa - Dorn-Band *n*
Zawiasa do drzwi wahliwych - Bommerband *n*
Zawiasa drzwiowa - Türband *n*, Angelband *n*, Türangel *f*
Zawiasa francuska - Einstemmband *n*, Fitsche *f*, Fischband *n*
Zawiasa kątowa - Winkelband *n*
Zawiasa krzyżowa - Kreuzband *n*
Zawiasa o wygiętym długim skrzydełku - Schippenband *n*
Zawiasa okienna - Fensterband *n*
Zawiasa ozdobna - Zierband *n*, Laubband *n*
Zawiasa pasowa - Bandscharnier *n*
Zawiasa pasowa długa - Langband *n*
Zawiasa przykręcana - Aufsatzband *n*
Zawiasa trzpieniowa - Stift-Band *n*
Zawiasa zawiasa do drzwi wahadłowych - Zapfenband *n*
Zawiasa wpuszczana - Einstemmband *n*, Fitsche *f*, Fischband *n*
Zawór - Ventil *m*
Zawór odcinający - Absperrventil *m*
Zbroić - bewehren
Zbrojenie - Bewehrung *f*
Zbrojenie belki - Trägerbewehrung *f*
Zbrojenie betonu - Stahlbetonbewehrung *f*
Zbrojenie dolne - untere Bewehrung
Zbrojenie dwuwarstwowe - Doppelschichtbewehrung *f*
Zbrojenie główne - Hauptbewehrung *f*
Zbrojenie górne - obere Bewehrung
Zbrojenie na ścinanie - Schubbewehrung *f*
Zbrojenie narożne - Eckbewehrung *f*
Zbrojenie nośne - Tragbewehrung *f*
Zbrojenie pala - Pfahlbewehrung *f*
Zbrojenie pierścieniowe - Ringbewehrung *f*
Zbrojenie podłużne - Längsbewehrung *f*
Zbrojenie poprzeczne - Querbewehrung *f*
Zbrojenie powierzchniowe - Flächenbewehrung *f*
Zbrojenie przeciwskurczowe - Schwindbewehrung *f*
Zbrojenie przęsłowe - Feldbewehrung *f*

Zbrojenie rozciągane - Zugbewehrung *f*
Zbrojenie rozdzielcze - Verteilungseinlage *f*
Zbrojenie słupa - Stützenbewehrung *f*
Zbrojenie sprężające - Spannbewehrung *f*
Zbrojenie stalowe - Stahlbewehrung *f*
Zbrojenie sztywne - Steifbewehrung *f*
Zbrojenie ściskane - Druckbewehrung *f*
Zbrojenie transportowe - Transportbewehrung *f*
Zbrojenie ukośne - Schrägbewehrung *f*
Zbrojenie ze strzemion - Bügelbewehrung *f*
Zezwolenie budowlane - Baugenehmigung *f*
Zleceniodawca - Auftraggeber *m*

Złącze belek na styk - Balkenstoß *m*
Złącze ciesielskie - Zimmereiverbindung *f*
Złącze na czop - Verzapfung *f*, Zapfenverbindung *f*
Złącze na czop piersiowy - Brustzapfung *f*
Złącze na gwoździe - Nagelverbindung *f*
Złącze na nakładkę - Anblattung *f*, Blattung *f*, Gegenblattung *f*
Złącze na przylgę - Falzverbindung *f*, Falz *m*
Złącze na styk - Stoßverbindung *f*
Złącze na ucios - Gehrungsstoß *m*
Złącze na wpust - Spund *m*
Złącze na wpust i pióro - Verbindung *f* mit Nut und Feder
Złącze na wrąb - Verkämmung *f*, Versatzung *f*
Złącze na wrąb pod kątem - Aufklauung *f*
Złącze na węg - Falzspundung *f*, Überfalzung *f*
Złącze na zacios - Versatzung *f*
Złącze na zakładkę - Falzspundung *f*, Überfalzung *f*
Złącze na zakładkę prostą - einfacher Falz
Złącze na zakładkę z wpustem - Falz *m* mit Nut
Złącze poprzeczne - Querstoß *m*
Złączki do rynien - Rinnenverbinder *m*
Zmęczenie materiału - Materialermüdung *f*, Ermüdung *f*, Zerrüttung *f*
Znormalizowany wykaz robót - Bauleistungsbuch *n*
Zrywarka betonu - Betonbrecher *m*
Żaluzja - Rolladen *f*
Żelazobeton - Stahlbeton *m*
Żelbet - bewehrter Beton

Żuraw budowlany - Baukran *m*
Żwir - Kies *m*
Żwir do betonu - Betonkies *m*
Żwir drobnoziarnisty - Feinkies *m*
Żwir gruboziarnisty - Grobkies *m*
Żwir gruboziarnisty do betonu - Betongrobkies *m*
Żwir otoczakowaty - Rundkies *m*